和平天下

寇北辰 著

人民出版社

寇北辰与专家班子讨论

寇北辰先生与"修身与管理研究者"李如（左）、"和与止于至善研究者"李咏梅（右）

寇北辰先生和母亲

寇北辰先生在践行中国梦巡讲中的合影

前　言

　　中华民族在创造人类文明的过程中，形成了具有强大生命力的中华优秀传统文化，"和"文化就是其中最耀眼的瑰宝。特别在今天，随着全球经济一体化的推进，中国"一带一路"倡议的提出和实施，国际合作共赢已成为大趋势。"和"将不仅仅是中华民族生生不息的追求，更将成为世界人民共同的理想和期盼。

　　《和平天下》一书的出版，将为"一带一路"文化先行奠定基础。"和文化"的普及与推广必将为中国社会、经济的和谐可持续发展，以及践行联合国的和平理念、促进世界的和平与发展作出积极贡献。

　　"和"文化是国家文明进步的标志，是民族繁荣发展的灵魂。所谓国家文明、民族强盛，不只代表拥有强大的经济实力和军事装备，能够打赢谁、制裁谁，关键是有益于全类发展进步，预防和遏制影响世界和平与稳定的不利因素，对世界和平负起责任，并且有能力帮助别国共同发展，这才是强国价值观的体现，是强国灵魂所在。任何恶意挑衅他国利益，制造矛盾事端，危害世界和平的做法，都不是负责任大国应有的表现。国家发展需要和平，世界进步也需要和平，无论何种政治方式、信仰价值、经济手段、文化定位，不回归到与人和谐、与社会和谐、与自然和谐的全维宇宙观上来，注定是会被时代所淘汰出局的，这是天道彰显的真理。"和"文化是人类文明发展的基础，上天赋予我们生命，就是要为人类之和平、文明和幸福而奉献。

"和"文化是人类对美好事物的追求，是对幸福生活的向往。真正意义上的幸福，是在没有矛盾、没有冲突、没有战争的社会，人与人之间相互尊重、相互信任、相互依存、相互友爱的美好体现。物质财富固然重要，但它绝不是人类的第一需求。相对而言，比起因战争造成的流血牺牲、因矛盾冲突导致的心灵创伤相比，物质需求永远属于第二层次。人类只有在确保生命安全、身体不受伤害、精神没有痛苦、健康有所保障的情况下，追求物质上的满足才更有意义。如果是以牺牲人的生命代价来换取物质上的满足，那将是一种反人类的行为，永远不会得到人民的支持和认可。家是爱的聚合体，"和"文化是家的精神力量，天下之家皆为爱而聚。没有家庭的平安，哪来社会的安宁；没有和谐的家庭，哪来幸福的生活。兄弟要齐心，姐妹要关心，儿女要孝心，家和万事兴，有和就欢心。

"和"文化是社会经济发展的动力，是个人成长进步的阶梯。"和"是国家发展的基石，"和"是实现"一带一路"共享经济模式的根本途径，是实现经济效益最大化的有效方法。今天，有些国家、社会组织和个人不惜牺牲世界人民利益，不惜牺牲他国利益，不惜牺牲他人利益，追求物质上的富有，是一种不负责任的自私自利行为，终将受到应有的制裁。"和"是组织效益增长的前提，是家庭兴旺的必要条件，是个人成功的核心要素。正如事物的内因决定事物的性质和存亡，内耗则是决定组织存亡的关键，远比外部竞争对组织的冲击要大得多，而导致内耗的根本原因是不和；若未提早预防，及时控制，发展下去就会使组织不战自败，无以立足。"和"文化对一个人的运气、财富、快乐、健康、幸福具有十分重要的意义，和生运、运生财、财生乐、乐生康、康生福，要想获得，必须从"和"开始，不断修身，止于至善。

"和"文化各要素间相互联系，相互作用，相互转化。"和"与"不和"并非孤立存在，它们会相互联系、相互作用、相互转化。世界涵盖214个国家和地区，国家包含各种组织、家庭和个人。人与人不和就会影响到家庭、组织和国家，甚至波及世界，正如各国元首"和"或"不和"就会直接影响到世界和平一样。因此，我们看待世界不应该只看国与国之间的关系，而应该从世界、国家、组织、家庭、个人这五个层次去看待、去理解、去分析，五个层次之间存在着克生关系，世界之"和"也必须着力从"五个不损害"和"五个有利于"入手。从个人层面讲，"和"就是从"一切有利于国家，一切有利于组织，一切有利于他人"做起。

"和"文化意义深远，作用巨大，理当大力传承弘扬。"和"文化植根于中华文化沃土，有着深厚的历史渊源和广泛的现实意义，反映中国人民意愿，适合时代发展进步要求。"和"文化创造希望，"和"文化促进发展，弘扬"和"文化，对于进一步增强道路自信、理论自信、制度自信和文化自信，减少因不和引发的社会矛盾和由此带来的损失，减少人类精神痛苦，凝聚正能量，提高国家的核心竞争力，促进国家和谐稳定，实现国家富强人民幸福意义重大。一"和"百顺，"和"平天下！只有"和"才能使人类社会大同，只有"和"才能减少世界争端和无谓牺牲，只有"和"才能在经济全球化中争得一席之地，只有"和"才能保障社会秩序稳定，只有"和"才能使企业团结繁荣，只有"和"才能使家庭代代兴旺，只有"和"才能使人民安居乐业，只有"和"才能得到个人想要的一切。

对"和"文化的研究、应用和推广，目的是为了让世界各国进一步认清和平与发展的主流趋势，最大限度地减少人类因战争带来的不必要生命

和平天下

及财产损失，以此推动经济全球化，维护国际市场新秩序，推动世界各国和平发展，实现"一带一路"世界发展大格局，从而造福于人类社会。

一书古今！读懂乾坤！作为一名中国传统文化的研究者，唯愿本书的问世，能够帮助更多人学会以"和"修身、立德、行善、齐家、治国、平天下！希望通过此书为全球经济一体化、国家振兴、组织兴旺、家庭幸福、个人成功找到一把照亮前程的钥匙！

中华之"和"，天下大同！文化盛经，世界共享！

▶ 4

目 录

和 篇

世界 篇

国 家 篇

组织篇

齐家篇

修身篇

和　篇

　　"和"的思想是中华民族优秀传统文化的核心思想之一，积淀着中华民族最深邃的精神追求，是中华民族生生不息、发展壮大的不竭动力，它既是中华民族的价值观，又是中华民族的处世观。当今世界，和平与发展成为主题，弘扬和发展"和"文化，让世界人民认同其价值所在，有着极为深刻的现实意义和历史意义！

　　　　轻轻地捧着你的脸

　　　　为你把眼泪擦干

　　　　这颗心永远属于你

　　　　告诉我不再孤单

　　　　深深地凝望你的眼

　　　　不需要更多的语言

　　　　紧紧地握住你的手

　　　　这温暖依旧未改变

　　　　我们同欢乐

　　　　我们同忍受

　　　　我们怀着同样的期待

　　　　我们共风雨

　　　　我们共追求

　　　　我们珍存同一样的爱

　　　　无论你我可曾相识

　　无论在眼前在天边

　　真心地为你祝愿

　　祝愿你幸福平安

　　《让世界充满爱》，这首歌曾传遍大江南北，把人们内心的期盼点燃——没有矛盾冲突，没有战火硝烟，没有种族歧视，没有倚强凌弱，没有生态破坏，没有环境污染，没有组织低效，没有家庭分裂……世界一片祥和，处处春暖花开，人类幸福平安！

　　中华"和"文化，正是一把开启世界人民幸福之门的金钥匙！

　　——减少人类的矛盾冲突与战争

　　——推动社会的文明进步与发展

　　——实现国家的和谐稳定与繁荣

　　——促进世界的和平友好与共赢

　　"和"是人类文明进步的基石，是造福世界的钥匙！世界发展要和平，国家富强要和谐，组织腾达要和顺，家庭兴旺要和睦，幸福生活要和美！

　　"和"是一种境界，一种姿态，一种观念，一种习惯！

　　"和"是一种道德，一种规则，一种文化，一种礼俗！

　　"和"超越了地域，超越了民族，超越了时空和语言！

　　"和"把心的距离缩短，把陌生变成信赖与手手相牵！

　　中华优秀传统文化中"和"的思想，既是中华民族的处世观、哲学观，也是世界人民的幸福观。"和"带来"有利"，"不和"导致"不利"；"有利"促进"和"，"不利"更趋"不和"，相互影响、互为转化。以"和"论治世、治国、管理组织、齐家和修身之道、之策、之法，以"和"传道授业解惑，必将为人类幸福大业释放巨大的正能量。

"和"平天下，天下和平！此为宗旨及心愿也。

让"和"之光，照亮世界！让"和"之美，造福人类！

第一章 中华"和"之光

"和"是中国传统文化的精髓，是中国人文精神的理想与追求，也是中国传统哲学的核心思想。"和为贵""和气生财""家和万事兴""天时不如地利,地利不如人和""君子和而不同"……五千年华夏文明历史进程中，"和"已经成为中国传统的处世观念，对中华民族的繁荣发展影响深刻。"和"的思想直至现在依然主导着人们的思维、生活和工作。2014年以来，"和"的思想融入中国社会主义核心价值观，在"中国梦"伟大事业中发挥重要的精神引领作用。

第一节 中华"和"文化的精髓

一、三皇五帝与"和"文化

中华"和"文化始自三皇五帝的上古时期。

相传，五帝之首的黄帝，提出以德治国，以"德"施天下，设立"九德之臣"，"修德振兵"，对各级官员提出"六禁重"，"重"是过分的意思，即"声禁重、色禁重、衣禁重、香禁重、味禁重、室禁重"，要求官员节简朴素，反对奢靡。汉代韩婴《韩诗外传》卷八第八章记载："黄帝即位，施惠承天，一道修德，惟仁是行，宇内和平。"黄帝以华夏民族的始祖载入史册，他播百谷草木，大力发展生产，创造文字，始制衣冠，建造舟车，发明指南车，定算数，制音律，创医学等，体现了人与自然、人与社会和谐相处的思想，他是中华文明的先祖。

至尧帝，"能明驯德，以亲九族"，他严肃恭谨，光照四方，上下分明，能团结族人，使邦族之间团结如一家，和睦相处。《史记》记载："其仁如天，其知如神，就之如日，望之如云，富而不骄，贵而不舒。"他仁德如天，智慧如神，接近他如太阳一样温暖人心，远望他就像云霞一般覆润大地，富有而不骄横，尊贵而不放纵。

至舜帝，其文化精神之魂可称为"德为先，重教化"。《史记》所载："天下明德，皆自虞舜始。"舜帝以宽厚之德不计前嫌，与后母和兄弟和睦相处的故事被传为千古佳话。

至大禹，中华文明之风已蔚然形成，《说苑》记载："卑小宫室，损薄饮食，土阶三等，衣裳细布。"司马迁有云："尧遭鸿水，黎人阻饥。禹勤沟洫，手足胼胝。言乘四载，动履四时。娶妻有日，过门不私。""三过家门而不入"，不仅是大禹忘我的工作态度，更是与自然灾害抗争、为天下百姓缔造和平安宁的精神。

三皇五帝时期，是中华文明形成的重要时期，重"德"、修"和"对世代炎黄子孙的为人处世观产生了巨大影响，这种优秀品质也成为中华儿女血脉中不可缺少的基因。

二、礼乐文明与"和"文化

约公元前2100年，中国第一个国家政权——夏朝建立，标志着中国由氏族社会进入阶级社会，由于社会结构发生了重大变化，人们对经济、政治、自然、人伦的系统研究开始出现，其中集中表现为夏商周时期的礼乐文明，代表为"周公之典"。《尚书》曰："周公摄政，一年救乱，二年克殷，三年践奄，四年建候卫，五年营成周，六年制礼作乐，七年致政成王。"周公通过制礼作乐，形成了一套颇为完善的礼乐制度，并推广为道德伦理上的礼乐教化，用以维护社会关系的和谐。礼的本质是差异，也就是说贵与贱、尊与卑、长与幼、亲与疏的各种人之间，必须遵守各自的行为规范，如果混淆就有可能导致不和谐。这种有差异的秩序叫"礼"，不可僭越。所以孔子曰："非礼勿视，非礼勿听，非礼勿言，非礼勿动。"但是社会只讲差异，不讲大同，社会就不会和谐。因而周公"制礼"的同时又"作乐"，乐讲和同，以音乐激起人们产生共鸣的喜怒哀乐情绪。礼和乐不可偏废，"乐至则无怨，礼至则不争"，礼乐文明是国家和谐的基础。

孔子一生所致力追求的理想就是恢复西周时期的礼乐制度，他主张"仁爱""和为贵""克己复礼为仁"是儒家的核心思想。"己所不欲，勿施于人"是处理人际关系的最高准则，"节用而爱人，使民以时"是对执政的要求。在孔子看来，仁是礼的基础，礼是贵贱有序，乐是对礼的调度。礼乐不僭越，就会形成和谐社会。所以，一个有文化的人要以"格物、致知、诚意、正心、修身、齐家、治国、平天下"作为最高理想。"自天子以至庶人壹是皆以修身为本"，修身的目的是与他人和谐相处，与家庭和谐相处，与社会和谐相处。"和"的目的是"齐家—治国—平天下"。可见，礼乐文明是中国古代文明的重要组成部分，也是中国"和"文化的最早起源和成功实践。在中国"礼仪之邦"的文化魅力中，不可缺少的是"天时不如地利，地利不如人和"的"和合"思想，这对数千年的中华文明发展产生了重大而深远的影响，至今仍有其强大的生命力。

三、中华"和"文化基本内涵

从历史脉络梳理和研究总结中华"和"文化的基本内涵，主要有以下五点：

1. "和"的哲学性

老子云："道生一，一生二，二生三，三生万物；万物负阴而抱阳，冲气以为和……知和曰常，知常曰明。"老子将"和"上升到了"道"的高度。

中国古代朴素的辩证观认为：世界的本质是多元，多元的本质是太极，太极的本质是阴阳，有阴阳则有和。世上万事万物皆有阴、阳两个方面，它们既相生又相克，相互联系、相互作用，只有协调好阴阳之间的关系，才能相互促进，实现对立统一、化解矛盾、和谐共处；反之，如果阴阳不调和，则相互制约、激化矛盾。因此，传统文化重视阴阳和合，生生不息。

2. "和"的相生性

西周末年，和宗史伯与郑桓公纵论天下，提出："夫和实生物，同则不继。以他平他谓之和，故能丰长而物归之。若以同裨同，尽乃弃矣。故先王以土与金、木、水、火、杂，以成百物。"（《国语·郑语》）

"五行相生"理论认为物质的"生"须"和生"。相同物质的简单相加是不能产生新事物的，如水加水还是水，这是同则不继。和生万物，生生不息，如阳光和水滋养植物生长、生命的繁衍等等。意识的"生"也须"和生"。新结构方式、新思想、新文化、新生活、新气象……一切新生都是"和生"。思想与观念的统一，会产生新的思想。

由"和"到"和生"，"生"成为"和"不可分割的一部分，我们生活方方面面的变化、创新、发展都是"和生"。因此,"和生"就不仅是自然法则,也是推动人类社会向和谐发展的社会法则,是放之四海而皆准的发展法则。

3. "和"的多元性

晏婴云:"和如羹焉……君子食之,以平其心。君臣亦然。"一碗美味的羹就是"和"的状态,是多元要素依其自身客观属性努力达到最美味的协调状态的那个平衡;济其不及,"济"是补不及,多元间互补;以泻其过,"泻"是去其过,去其过分、粗劣、不好的部分。这一碗羹,君子食之,以平其心。君臣亦然,献否成可,献可去否,政平而不干。

味和,声和,心和,政和,德和,无论味道、声音,还是政治、心德,去同取和,都是一个道理。首先是"包容",五声六律,七音八风;其次是相成相济,也就是平衡、互补、去过的"齐""济""泻";再是味戒声和心平政成德全,达到"和"的状态,这就是"和如羹焉"。

得由和兴,失由同起,故以可济否谓之和,好恶不殊谓之同。是以君子之行,以救过为正,以匡恶为忠。经曰:"将顺其美,匡救其恶,则上下和睦能相亲也。"在论述"和如羹"的过程中,晏婴极力排斥了"同"。

4. "和"的对立性

史伯与晏婴都明确了"去同取和"的态度,孔子进一步提出了"君子和而不同,小人同而不和",将"和而不同"作为儒家做人的标准和治世的法则。"和而不同"之"和"既指多元和,也指阴阳和,用于做人治世,那就是既要多元和的包容,也要阴阳和的辩证。

此外,从哲学角度来说,"和"并不是完全排斥"同"。"和"不仅离不开"异",也离不开"同","异"与"同"是"和"的阴阳,这是对"同"的辩证分析,否则就陷入对"同"的片面否定。经过"平""平衡",达到"和""和谐",就能"生物",其实也就是"求同存异"。只有经过"求同存异",才能达到"平""平衡"，才能达到"和""和谐"，才能"生物"。钱耕森先生强调"和"是既"存异"，也"求同"。可见，"和"是"多"与"一"，"异"与"同"的和合。只有"多"，没有"一"，只有"异"，没有"同"，也达不到"和"。

5."和"的统一性

张载在《正蒙·太和篇》中云："有象斯有对，对必反其为；有反斯有仇，仇必和而解。"这句话的意思是一切现象都有对立两面，对立两面的运动方向必然相反，相反就有斗争，斗争的结果，必然归于调和。这就是中国传统哲学辩证思维的方式。亦即世间万事万物最后的结果归于"和"，不但不能让矛盾冲突扩大，而且还要协调一致，共同协作。"和而解"不仅否定片面的斗争，也否定片面的调和。

从辩证法来说，"和而解"既有斗争也有调和，既有对立也有统一。旧的矛盾结束，新的矛盾开始，矛盾运动生生不息，层层相继。从价值观来说，"和而解"的价值目标是"和"的状态，是二元或多元通过斗争、融合，也就是和合学的"融突"达到高度和谐、协调发展、神化莫测的无穷道德境域。虽然"对立"与"统一"是矛盾不可分割的两方面，但在对"对立"与"统一"的主观选择中，中国哲学的传统强调"统一"，而不是"对立"，这是客观事实。

所以，"和而解"从方法论上来说是"二"的辩证法，是唯变所适，从价值观上来说是"一"，是和谐、和平、合作、共赢。

第二节 中华"和"文化的贡献

一、中华"和"文化对文明进步的贡献

认真剖析中国"和"文化的实质，归结起来主要体现在五大方面：天人合一的宇宙和谐观、人与社会和谐相处的道德和谐观、由己及人的人伦和谐观、以人为本的身心和谐观、天下大同的社会和谐观。"和"文化衍生出的这五大核心价值观念，也是 21 世纪人类社会发展最大的原理和社会文明进步最高的价值。

1. 天人合一的宇宙和谐观

从庄子"天人合一"的思想概念到董仲舒"天人合一"的哲学思想体系，无非要说明的是，天代表绝对运动的物质世界，人的思维反映物质并随之与时俱进的变化，这是物质与人以及物质之间的和谐统一。天是道德观念和原则的本原，人心中具有的道德原则受到后天各种名利欲望的蒙蔽，人类修行的目的便是去除外界欲望的蒙蔽，"求其放心"，达到一种自觉地履行道德原则的境界，如孔子所说的"七十从心所欲而不逾矩"，这是意识与人以及意识之间的和谐统一。"天人合一"既是一种宇宙自然的融合境界，也是"道生一，一生二，二生三，三生万物"和谐社会的发展规律。老子"道法自然"，中庸"致中和，天地位焉，万物育焉"，孟子"亲亲而仁民，仁民而爱物"等天人合一的思想，对于促进人与社会的繁荣和进步，世界的和平以及可持续发展仍有着不可小觑的意义。

2. 人与社会和谐相处的道德和谐观

主张人与社会的和谐，推崇积极的入世思想。一方面，儒家倡导仁义，

多有义利之辩，并将此作为伦理学中道德评价的标准，不仅有"君子喻于义，小人喻于利"之分，更以"君子义以为上，君子义以为质"作为君子的思想准则和行为指导，来使其修为完美的人。另一方面，通过个人"仁义"道德观的修为，儒家进一步主张家和、社会和，从而以"修身、齐家、治国、平天下"为目标来定势社会理想。

3. 由己及人的人伦和谐观

主要表现为仁者爱人、宽和处事的人伦主张和法则，倡导推己及人的忠恕之道。"己欲立而立人，己欲达而达人""己所不欲，勿施于人"都属于人伦和谐观的核心主张，并由小及大，由人际关系的和谐，延伸至社会、民族、国家以及国际社会的和谐。

4. 以人为本的身心和谐观

身与心、欲与理、物质与精神，都是在追求身心和谐过程中需要修为的方向。中国"和"文化中"己欲立而立人"的精神，是以开放、宽容的胸怀，接纳自然、社会、人际、心灵、文明按其适合于自己特性的生存方式而立于世界之上。

5. 天下大同的社会和谐观

天下大同是孔子向往的"大同"世界，即指《礼记·礼运》中所描述的理想社会："大道之行也，天下为公。"它反映的是以孔子为创始人的儒家学派的政治理想和对未来社会的憧憬，也逐渐发展成国人的美好理想和最终追求。"天下为公"的大同社会也是孙中山先生一生的理想和奋斗目标，他的思想体系的基本精神，也都浓缩在"天下为公"这四个字中。尽管孙中山先生与孔子描述的"大同社会"不尽相同，但他们的理想中都包含了人与社会共同发展，国家与国家和谐共处，社会和谐，民族和睦的目标。

中国是四大文明古国之一，今天仍是占据世界人口接近 20% 的大国，一直以来在人类发展史上具有举足轻重的作用，中国的"和"文化，对世界文明同样影响巨大。法国伏尔泰将儒家的哲学思想、政治理论、道德伦理、人性观念、社会法则等加以综合研究，建构了一套对西方社会产生过深远影响的新的社会学说。明代王阳明的学说也曾推动了日本的"明治维新"。西方世界早在1641年，便在伦敦出版了第一本介绍儒教的书《儒家道德》。1570—1870年的300年间，西方国家出版的有关介绍中国文官制度与政治制度的书籍多达70种。更早的隋唐时期，中外交往空前频繁，周边国家大多仿效中国的各项制度。唐朝是世界公认的最先进的国家，当时多达70多个国家的使节、商人、学者、艺术家、僧侣及贵族子弟到唐朝、到长安学习中国文化，特别是韩国、日本、朝鲜等"中国文化圈的成员"。中国的书法、国画、诗歌独树一帜，《三国演义》《西游记》《水浒传》《红楼梦》等四大古典名著以及《聊斋志异》《金瓶梅》等被译成多国文字，深深地影响着世界文坛。德国文豪歌德曾感慨地说："当中国人已拥有小说的时候，我们的祖先还正在树林里生活呢！"不仅琴棋书画诗歌茶曲，中国的武术、中医药等，也都成为推动世界文化交流的重要载体。

可以说，人类和谐共生的中国"和"文化，对于中古西方国家的思想解放、文艺复兴发挥了重要作用。社会文明的发展也推动了外交文明、政治文明的进步，郑和下西洋"不欺寡、不凌弱、友好相处、共享太平"。对后世影响深远。直至今天，中国作为负责任的大国，坚持和平崛起，是推动世界人类和谐发展的主要力量。

二、中华"和"文化对社会发展的贡献

通过前文阐述看出，"和"的结果是统一，是和谐、和平、合作、共赢，"和"的作用是相生性，是对矛盾冲突的调和，是对问题和危机的调解。中华"和"

文化对社会发展的贡献，突出表现在对各种社会矛盾危机的预防和解决。

关于当前的时代冲突和危机问题，我国著名哲学家、中国人民大学和合文化研究所所长、中国人民大学孔子研究院院长张立文先生概括为五大方面：

一是，人与自然的冲突，即生态危机。

二是，人与社会的冲突，即人文危机。

三是，人与人之间冲突，即道德危机。

四是，人与心灵的冲突，即信仰危机。

五是，文明之间的冲突，即价值危机。

五大冲突、五大危机，都离不开"人"。而"人"的主要问题是"和"，人与自然的"和"，人与人的"和"，人与社会的"和"，人与个人内心的"和"，人与世界文明的"和"。人是万物之灵，人"和"则万物平衡，世界太平；人"不和"则万物失衡，社会动荡。

只要解决了人"和"的问题，一切社会矛盾冲突和发展危机问题迎刃而解。《论语》讲"礼之用，和为贵"。人与人和谐相处，团结的力量就大了，分裂的矛盾就少了，小到家庭、公司、社团，大至国家、世界，只要做到贵和、向和，没有不兴旺的道理。家和，父母兄弟姐妹相濡以沫，再难的岁月也可以度过；国和，政商学儒精诚团结，再强的敌人也不敢冒犯；人和，男女老少真诚相待，再大的风浪也能够扬帆远航。同时，人生活在世间，不能离开社会，不能离开他人而独自生存，只有融入社会大众，做到包容、理解、合作，内心才会有所归属和快乐，事业才会平添力量，生活才会得到保障。

"和"是人人必须遵守的发展之道、幸福之道，是历久弥新的兴旺之法。中国的"和"文化为普天下人类提供了最佳的文化方式选择和最优化的价值导向，为世界各国提供了最有效的社会冲突和危机解决方式。结合现时代特征，中华"和"文化对社会发展的贡献，主要体现在三个方面：

1. 坚持和平崛起，为世界太平增添力量

历史证明，依靠发动侵略战争，实行对外扩张的道路，终会以失败告终。战争的结果必然是双输的，战败方自不必言，即使是"一将功成万骨枯"的战胜方，其国家和人民也同样蒙受巨大的损失和伤痛。仅以第二次世界大战为例，战争伤亡人数达 1.9 亿，战争损失超过 5 万亿美元，德日战败国伤亡惨重，还受到严厉的政治和经济制裁，而战胜国苏联几乎被夷为平地。

当今世界，和平与发展成为主流，但世界仍不太平，一些国家和地区，动荡和冲突不断，甚至爆发区域性战争。究其原因，仍是诸多"不和"因素所造成。例如，大国霸权主义造成的国家冲突；信仰不同造成的民族主义冲突；新干涉主义造成的领土争端的冲突；资源争夺造成的发展冲突；意识形态不同造成的国家利益冲突等。冲突与战争不断，区域动荡不安，国家发展停滞，人民饱受其困，甚至无家可归，沦为难民，生活在动荡和恐惧中，还要时刻面临至亲好友生离死别的痛苦。

中国以"和"为传统，以"德"载天下，中国选择"和平崛起"永远不称霸。在经济全球化迅猛发展的时代条件下，中国坚持和平发展合作共荣的对外政策，用建设性的态度推动建立更合理的国际秩序，不以损害别国利益的方式来实现自己的战略目标。"争取和平的国际环境来发展自己，又以自身的发展来维护世界和平。"不让世界 70 亿人民陷入战乱和痛苦不堪，这是中国的"和"文化精神对世界的一大贡献；通过和平发展的方式带动世界五分之一的人口脱贫，这是中国的"和"文化精神对世界的一大贡献。

2. 坚持包容合作，为世界繁荣增添力量

中国不仅有着辽阔的疆域、悠久的历史、灿烂的文化、众多的民族，而且有着探索的精神、交流的情怀、包容的品质、合作的愿望。早在隋唐时中外交往空前频繁，唐代便利的交通及管理制度为国际交往提供了方便，当时国际上有很高的声望，是世界各国经济文化交往的中心。

甚至更早的秦汉时期，丝绸之路的开辟，成为连接亚欧、促进各地文化和贸易交流的友谊之路。在这条逾 7000 公里的长路上，丝绸与瓷器成为当时一个东亚强盛文明的象征，各国元首及贵族曾一度以穿中国丝绸、用中国瓷器为富有荣耀的象征。而葡萄、核桃、胡萝卜、胡椒、胡豆、菠菜、黄瓜、石榴等的传播丰富了东亚人的日常饮食选择，西域特产的葡萄酒融入中国的传统酒文化当中。在历经几个世纪的交流中，各国文化思想反复碰撞，商品贸易交流繁盛，对社会发展起到重要作用。

直至现在，丝绸之路依然被认为是"世界上最长、最具有发展潜力的经济大走廊"。2013 年习近平主席提出"一带一路"战略构想，其发展目标涵盖 44 亿人口，GDP 规模达到 21 万亿美元，分别占世界的 63% 和 29%。如今，通过上合组织、中国与东盟"10+1"、"金砖国家"，以及与俄罗斯、中欧、中亚、中东、南亚等国家的多边和双边关系，我国与沿途国家初步构建起有效的双边、区域、多边合作机制。一带一路"利益共同体"和"命运共同体"的伟大工程，是各国发展经济与追求美好生活的普遍诉求，是团结互信、平等互利、包容互鉴、合作共赢"丝路精神"的核心体现，更是中国"和"文化之"大德大善"情怀对世界繁荣的重大贡献。

3. 坚持和谐共生，为世界美好增添力量

人，家庭，组织，国家，构成世界。人与人，人与家，人与组织，人与国，家与家，家与组织，家与国，组织与组织，组织与国，国与国，都要和谐共生,世界因此而美好。"和"文化影响着中国人的处世观念和德行,影响着家庭的家风家貌,影响着组织的发展绩效,影响着国家的道德风尚,几千年来渗透在中华民族儿女的思想意识之中,孕育出璀璨光芒的民族精神,同时也推动着世界更加进步。

之于国家,纵观中国历史的发展脉络,分分合合,但每次分裂后,终归于统一。这是深入国人骨髓的"和"价值观在推动,无论是秦汉的大一统王朝,还是五胡内迁后的民族融合,再到抗日战争时期的国共合作,归根结底都是"和"的思想使得国人在分裂时期可以摒除一切矛盾向统一看齐。可以说正是"和"的思想在国人血脉里的根深蒂固,才有了世界文明古国的源远流长。

之于组织,"水能载舟,亦能覆舟","众人拾柴火焰高"讲的都是"和"对于提升组织效能的重要性。内耗是一种潜在的毒,从内部瓦解组织的战斗力;内耗也是一种慢性病,慢慢腐蚀消磨生存力;内耗更是一个隐形杀手,难以发现,不易解决,却易于攻破组织最核心的力量。造成组织内耗的根本原因是组织文化和组织人行为里都缺乏"和"的意识。只有"和"的观念深入人心并执导组织行为,才能减少组织低俗文化,凝聚团队力量,成员专注于发展,从而降低内耗,减轻发展阻力,并提高组织绩效,最终持续促进组织的发展。所谓"和气生财"也正是这个道理。

之于家庭,家和万事兴,"家和"是最基本的治家之法。这其中的道理是什么?家人之间和睦相处,父慈子孝,夫妻同心,兄弟相挺,老少相亲,由心和生面和,由面和生气顺,入则欢声笑语,彼此心情顺畅,家人病痛消减。进而家人同心勠力,凝聚发展,呈现出优秀的家风家教,才能排除发展的后顾之忧。更可以吸引邻里亲睦,友朋相帮,因此才会有"家和万事兴"。正所谓"妻贤夫祸少,夫正妻心顺,夫妻协力山成玉,婆媳同心土变金，老爱小，少敬老，和睦堂里福寿广，和气家中人为贵，和气福也"。

之于个人，在自然人、社会人双重角色中，欲与理、身与心、物质与精神，都是追求身心和谐的重要方面。"和"文化是关乎个人生存、幸福与发展的基石，它潜移默化又深远持久地影响着人的行为方式、思维方式、和他人的交往方式以及社会的实践活动向着健康、和谐的方向发展。一方面，个人的生存、幸福与发展首先来自于其自身的和谐，与自己内心和谐相处，树立崇高的理想、信仰，培养宽广、包容的胸怀，并不懈追求积极向上，争取学习、工作、生活、健康、情感的良好发展，实现自身和谐，才能让个体调和好自身的身与心、灵与肉、精神追求与物质追求、精神生活与物质生活等内在矛盾。另一方面，个人的生存、幸福与发展又依赖于群体组织的和谐。一个和谐的群体组织必然可以协调好整体利益与个人利益、群体价值与自我价值、个人的义务与权利等矛盾。那么个人在这个和谐的群体组织中，就容易发挥自己的聪明才智，就能很好地获得自身的成就与发展。

第二章 世界"和"之美

世界"和"之美，体现在人类对和平正义的追求，对动乱灾难的抗击，对生命健康的保护，没有国界，不分肤色，无论信仰，和谐相处，共同为世界和平秩序和人类幸福生活的建立而贡献力量。

第一节 宗教文化对"和"的主张和推动

我认为"和"，就是"大善大德"！自我、自私、贪婪是"和"的死敌，"和"的精神实质是"公共精神"的提倡，在世界三大宗教基督教、伊斯兰教和佛教里，都可以找到近乎于"和"的理解和主张。

例如，在佛教中所谓"十方世界皆有净土"，其中著名的有东方药师佛的净琉璃世界、阿佛的妙喜世界、西方阿弥陀佛的极乐世界、毗卢遮那佛的华严世界和弥勒菩萨的兜率天净土及未来世界净土。这些"净土"全都物产丰富、环境优美、气候宜人，有七宝池，八功德水，绿树成行，鸟语花香。佛经描述有以下特征：一是自然环境极为优美、洁净、舒适。土地平正，风雨及时，气候凉热宜人，树木繁茂，花香馥郁，草坪青翠，水果甘甜，无荆棘坑坎秽浊尘埃，无旱涝灾患，无蚊蝇蚤虱蛇蝎等害虫毒物。二是生活用品极其富足。地生自然粳米，众味具足，财宝丰饶，无所匮乏，无有贫穷，无有因物质财富不足所引起的种种苦恼。三是人们的道德水平极大提高，皆行十善，贪痴等烦恼淡薄。人心均平，皆同一意，相见欢悦，互爱互敬。四是政治清明，永绝战争之患。中国近代佛教改革理论家、实践家太虚大师认为的"净土"乃是"良好之社会与优美之世界"，最"良好"莫过于"和谐"之好，最"优美"莫过于"和平"之美。由此可见，我们现在所提倡的和谐社会实际上就是佛教描绘的"人间净土"，可谓是物质文明与精神文明极度发达的世界。

"净土非自然而成就的，亦非神所造成的，是由人起好心，据此好心而求得明确之知识，发为正当之思想，见诸种种合理的行为，由此行为继续不断地做出种种'善'的事业，其结果乃是成为良好之社会与优美之世界。"这正是我对于"和"之"大善大德"的主张！研究宗教追求"共生共存"的基本伦理价值观和统一的团体精神，主要包括人与自然的和谐相处，人与人的和谐相处。

一、宗教关于人与自然和谐相处的主张

1. 人与自然和谐相处就要敬畏自然

宗教通常有兴福祛灾的祈祷方式，同时也敬畏河流山脉、岩石森林等。例如，对印度教的教徒来说，最神圣的是恒河；乔登河对基督教徒又有特殊的意义；日本的神道教崇拜富士山，而墨西哥人崇拜火山。麦加的穆斯林人将"黑石头"视为神圣，认为它是安拉自天上赐给人们的。在基督教的仪式中，常青树作为一种象征永生的标志经常被种在墓地里。佛教则将莲花和菩提树看作吉祥之物。

2. 人与自然和谐相处就要融入自然

佛教基于"依正不二"的观点，主张人与生存环境和谐相处。"依正"二字乃"依报""正报"的略称。"正报"指众生乃至诸佛，即生命主体；"依报"指生命主体所依赖的国土，即生存环境。依正不二，就是生命主体与其生存环境密切相关，人与世间万物都有着重重无尽的缘起关系，共存于宇宙的有机整体，"此有故彼有，此生故彼生，此无故彼无，此灭故彼灭"，万物互为缘起、相辅相成、和合互生，人的身体由地水火风四大和合形成，大自然对人类有天覆地载养育之德，人类理应感恩，与自然同为一体，这是佛教处理主观世界与客观世界关系、人与自然关系的基本立场。

3. 人与自然和谐相处就要爱护自然

基督教告诉其信徒，人是自然界中最珍贵的，人类要观摩自然、摸索自然规律，合理地开发利用自然，保护生态平衡，神起初造人就是要人"修理看守"他所造的伊甸园。佛教反对漫无边际地占有、浪费自然资源，更不能恣意破坏，禁止杀害动物，提倡护生放生、尊重生命，主张素食，禁止砍伐树木、践踏青草。伊斯兰教认为人与自然界万物都是真主的造化物，两者地位是平等的，人类只是真主的"代治者"，坚决反对狭隘的功利主义、反对只顾眼前利益而忽视人类的长远利益，主张爱护自然、与自然界和谐相处的前提下，把握自然的本质和规律，通过对自然界进行合理的开发利用，为人类造福。基督教《圣经》里同样包含了敬畏与爱护自然万物、保护濒危物种、维护生态平衡等生态思想。目前环境污染不同程度存在，对可持续发展构成威胁，所以宗教对于人与自然生态和谐相处的倡导无疑具有积极的社会意义。

二、宗教关于人与人和谐相处的主张

1. 人与人和谐相处的利他性：意和、身和、口和

佛教认为人们的贪、嗔、痴是造成心灵不得安宁的"三毒"，俗话说"心底无私天地宽"，心宽体胖，人要减轻欲望，自利利他、自觉觉他、自度度人，"是法平等，无有高下"，"于诸众生，视若自己"，"无缘大慈、同体大悲"，佛教强调把一切众生都视为父母，主张普施一种无条件的广大的爱，要待人真诚，慈悲为怀，无论强弱、富贫、大小、上下之间应该互相尊重、理解、宽容，建立互信与合作，不仅会利于减少与他人对立，也会养成平和心态，有益自己心灵的健康。"去恶从善、慈悲平等、自觉觉他"是佛教的核心信仰和道德伦理，"出家不忘爱国，修行不忘济世"，报四恩即"佛祖恩、父母恩、众生恩、国土恩"，就是倡导社会和谐与世界和平，以及人与人之间的和合与和睦。

"身和同住、口和无诤、意和同悦、戒和同修、见和同解、利和同均"是佛陀时代就形成的"六和敬"，"戒和同修"以制律为规范，"利和同均"以财富公平分配为社会价值观念，"见和同解"强调建立一致的伦理价值观念，"身和同住""口和无诤""意和同悦"表现为现实生活中人与人之间团结、和睦、和谐的关系，这些对于今天构建和谐社会具有非常积极的意义。

2. 人与人和谐相处的统一性：一家、一族、一国

宗教信仰具有群体性，涉及范围小到一个家庭，大到一个国家。例如，在亚非50多个伊斯兰国家中，穆斯林占全国总人口的大多数。在30多个国家中，伊斯兰教被定为国教。尽管穆斯林们分布于世界各地，国籍、民族、肤色和语言各不相同，却共同尊奉"安拉"，共同恪守着古老的《古兰经》教义。

伊斯兰教诞生于阿拉伯半岛四方割据、战乱频繁、内忧外患、危机重重的社会大变动的时期，是主张全面和平的宗教，穆斯林要从实现个人和平、家庭和平到全社会、全人类和平，在和平的气氛中达到全世界融洽相处、以此接近真主。伊斯兰教希望团结，要求"穆斯林四海皆兄弟"，无论种族、语言、肤色存在多大的差异，只要皈依伊斯兰，相互之间都以兄弟相称。

伊斯兰教的贡献在于通过宗教将松散的部落文化联合起来，并通过各种方式使各个地区的文化得以传播交流。中国古代的四大发明，印度的数字系统，西方世界的哲学，都是由穆斯林传播，并由阿拉伯人进行完善、总结、归纳的。伊斯兰教先知穆罕默德曾经告诉信徒："学问，虽远在中国，亦当求之。"穆圣也曾经说："学者的墨汁浓于烈士的鲜血。"就是让穆斯林们要努力学习，不盲从、不迷信。

伊斯兰教有着极强的包容性，打破了狭隘的氏族血缘关系，在当时阿拉伯世界的西班牙、埃及的基督徒、犹太教徒只要缴纳少量人头税就可以保持信仰，所以几乎没有发生宗教迫害的事情。伊斯兰教的传播打破了狭隘的民族界限，在传播的过程中，穆斯林们在被征服的土地上修建清真寺，建立学校、图书馆、天文台和医院，确立法律，推广阿拉伯语，促进了西亚、北非地区的文化交流、经济发展。

3. 人与人和谐相处的道德性：一念、一言、一行

康德说过："有两种伟大的事物，我们越是经常、越是执着地思考它们，我们心中就越是充满永远新鲜，有增无减的赞叹与敬畏——我们头上的星空，我们心中的道德法则！"为什么想起心中的道德法则，我们会产生有增无减的赞叹与敬畏？因为人对善的知、觉、行，与天一样神圣，最纯净甜美的果实，有谁去忍心践踏？《圣经》里关于道德的要求，正符合这样的愿望。基督教对其信徒不但有高层次的形而上的理想道德要求，也有日

常生活中一般层次的具体道德要求。在《旧约》圣经中，摩西的十条诚命是以宗教法律的形式规范其民众日常生活生产活动，它要求神的子民要做到在信仰上敬神爱神，在道德上爱人尊重人，"不可犯奸淫""不许贪恋别人的财产""不可做假见证等"，要他们自洁守正，要节制而勿放纵私欲。

在人与人的关系上，基督教基于"上帝面前人人平等"的观点，要求其信徒以平和、真诚、宽容的态度对待别人，建立和谐友爱的人际关系，主张"无论何事，你们愿意人怎样待你们，你们也要怎样待人"。鼓励朴实、宽恕、团结和睦、劝人行善等美德，反对妒忌、诬陷、搬弄是非等非人性的行为。

在人与社会的关系上，基督教要求其信徒，热爱祖国、遵纪守法，服从领导，同时要殷勤工作、尽职尽责，建立公平、正义和谐、安宁的社会秩序。在家庭关系里，倡导尊老爱幼，慈爱子女，夫妻和睦，兄弟相亲，友爱邻里的美德，"你们做儿女的，要在主里听从父母，这是理所当然的，要孝敬父母，使你得福，在世长寿。"

除此以外，基督教道德还以改革社会、服务人类为己任，一方面注重个人道德品质的修养，同时要求他的信徒必须产生道德辐射能力，要影响、健全周遭邻舍以至整个社会的道德水平。耶稣向他的信徒宣告了律法和先知的总纲，比如面酵的比喻，盐和光的比喻，他教导门徒在所处的社会中应当如盐一样，要渗入社会，要影响社会，洁净社会的污秽，舍己为世人服务，改革社会，使社会充满道德活力；基督徒如光，就是以真理之光、道德之光，清除社会的渣滓和迷信。盐和水接触才能溶化渗透，发挥作用，光要放在高处，才能照射于远处。耶稣的这样要求，实际是要跟从他的人，无论在何时何地何处，他们的品德都要成为光和盐，都要与众不同，超越众人。

基督教所倡言的"爱"和"恕"之道并不是每个凡人能做到完美的，但是圣经仍然要求人努力去达到这标准，例如，爱人如己，"有人打你这边的脸、连那边的脸也由他打。有人夺你的外衣、连里衣也由他拿去。凡求你的、就给他。有人夺你的东西去、不用再要回来。"因为有这样的道德标杆存在，很多信徒就有了努力方向和改进的标准，人人渐渐提高道德水平，世界因此更加和谐。基督教在推动世界文明进步中占据着重要地位。

宗教，促进了一个群体，一个阶层，一个民族，一个国家，甚至一个地区的和谐相处，为"和"文化发展和运用，为世界和平发展的进程，为人类幸福作出了贡献。

第二节　世界人民对"和"的贡献和作用

世界历史，是一部千姿百态的历史，是一部由世界人民抒写的历史。在追求和平的道路上，世界各国人民付出了艰苦卓绝的努力，没有这些英雄人物，就没有我们今天的文明进步。世界要变得更美好，还需要一批又一批热爱和平，甘愿为和平付出辛勤汗水，甚至是流血牺牲的英雄，他们将永远载入人类文明的史册。

毕加索与和平鸽

1940 年，希特勒法西斯匪徒攻占了法国首都巴黎。当时毕加索心情沉闷地坐在他的画室里，这时有人敲门，来者是邻居米什老人，只见老人手捧一只鲜血淋漓的鸽子，向毕加索讲述了一个悲惨的故事。原来老人的孙子养了一群鸽子，平时他经常用竹竿拴上白布条作信号来招引鸽子。当他得知父亲在保卫巴黎的战斗中牺牲时，幼小的心灵里燃起了仇恨的怒火。他想白布条表示向敌人投降，于是他改用红布条来招引鸽子。显眼的红布条被德寇发现了，惨无人道的法西斯匪徒把他扔到了楼下，惨死在街头，还用刺刀把鸽笼里的鸽子全部挑死。老人讲到这里，对毕加索说道："先生，我请求您给我画一只鸽子，好纪念我那惨遭法西斯杀害的孙子。"随后，毕加索怀着悲愤的心情，挥笔画出了一只飞翔的鸽子——这就是"和平鸽"的雏形。1950 年11 月，为纪念在华沙召开的世界和平大会，毕加索又欣然挥笔画了一只衔着橄榄枝的飞鸽。当时智利的著名诗人聂鲁达把它叫作"和平鸽"，由此鸽子被正式公认为和平的象征。

摘自【百度百科：和平鸽】

杜南与红十字会

1859 年 4 月，意法联军与奥地利的军队在索耳费里诺进行了一场大会战，双方伤亡惨重，尸横遍野。瑞士人杜南经过意大利卡斯蒂利奥内，一路上他看到到处是腐烂发臭的尸体，心里不是滋味儿。更使他难过的是，这个小镇上还有千名伤员，他们有的断了胳膊，有的折了双腿，有的躺在干柴堆里呻吟着。

杜南虽然出生在一个富人家庭里，但从小就对贫穷、遇难的人富有同情心。他来到一所住满病员的小学校，想以自己微薄的力量去帮助他们。他一边给病员喂水、敷药、扎绷带，一边问："战争结束已经一个多月了，你们为什么还待在这里？"伤病员听他这一问，有的唉声叹气，有的掩脸抽泣，有的破口大骂道："那些当官的没有人性，我们为他们卖命打仗。现在见我们受伤不能打仗了，就扔下我们不管了！"杜南为他们的遭遇而愤愤不平，于是说服教士出钱出力，组织了一支救护队。救护队员在杜南的领导下，为伤病员喂水喂饭，进行力所能及的各种护理，不少队员还自己掏钱买来了药品，为伤病员治疗……

回到日内瓦后，杜南写了一篇回忆录，描述了伤病员在战场上悲惨的遭遇，向世界发出呼吁，要求成立一个国际性的志愿救护伤兵组织，建议给予军事医务人员和各国志愿者伤兵救护组织以中立地位的国际公约。但是，成立一个国际性的组织必须得到各个大国的支持和同意。杜南立刻给各国元首写信，并亲自四处奔波，到各国去宣传。他的主张，得到了各国元首的广泛支持。

1863 年，红十字国际委员会正式创立，根据《日内瓦公约》以及习惯国际法的规定，国际社会赋予红十字国际委员会独一无二的地位，保护国内和国际性武装冲突的受难者。这些受难者包括战伤者、战俘、难民、平民和其他非战斗员。红十字国际委员会是历史最为悠久且最负盛誉的组织，也是世界上获得最广泛认可的组织之一，在第一次世界大战和第二次世界大战中发挥了重要作用，1917 年、1944年和 1963 年三次荣获诺贝尔和平奖，创办人亨利·杜南则于 1901年荣获首届诺贝尔和平奖。

摘自【百度百科：红十字会】

白求恩与国际精神

毛泽东同志这样赞扬他："一个外国人，毫不利己的动机，把中国人的解放事业当作他自己的事业，这是国际主义精神，这是共产主义精神。白求恩同志毫无利己专门利人的精神，表现在他对工作的极端的负责任，对同志对人民的极端的热忱。"

各界人士这样评价他：白求恩是一位伟大的人道主义者，是一位对中国人民和加拿大人民具有历史意义的人物。他是一个斗士，是"八路军最老的一位战士"；他是一个热情洋溢的人，对世界有着强烈的好奇感。

1924年，白求恩身患肺结核，仍然顽强拼搏，发明了"人工气胸疗法"，并在自己的身上实验大获成功，其独创的胸外科医术在医学界享有盛名，以"白求恩器械"命名的外科手术器械共有22种之多，在当时处于极为领先的地位。1936年至1937年他作为支持国际反法西斯志愿者投身西班牙内战。在此期间他创办了一个移动的伤员急救系统，成了日后被广泛采用的移动军事外科医院的雏形。为了输血以抢救失血过多的伤员，他发明了世界上第一种运输血液的方法，在医学上具有极为重要的意义。1937年中国的抗日战争爆发，他率领一个由加拿大人和美国人组成的医疗队来到中国解放区，1938年4月经延安转赴晋察冀边区，在那里工作了两年，他的牺牲精神、工作热忱、责任心均称模范，直至以身殉职。他的事迹受到中国人民的广泛赞扬。

2004年，加拿大广播公司评选白求恩为"最伟大的加拿大人"，白求恩之所以赢得加拿大人的崇敬主要有两个原因，一是钦佩他在征服"死亡"威胁过程中的坚强毅力；二是钦佩他处处为他人服务，为医疗社会化而不懈奋争的国际精神。

摘自【百度百科：白求恩】

和平思想与世界和平组织

世界和平大会，目标为止战促和，推行孔子仁爱哲思于世界。又名赫尔辛基世界和平大会，是根据世界和平理事会 1954 年 11 月斯德哥尔摩会议的决定而于 1955 年 6 月 23 日至 29 日在芬兰赫尔辛基举行的。1986 年第一届世界和平大会在台湾召开，1987 年第二届大会在纽约举行，1988 年在意大利及瑞士召开第 3 届大会，并实现两岸破冰和平之旅，至今仍然为促进世界和平发挥作用。

1998 年 5 月，在美国召开的世界诗人大会，回顾了 20 世纪人类经历的两次世界大战以及一系列局部战争带来的惨痛灾难，共同认识到：祈求和平，反对战争，成为全人类共同的愿望。于是，他们向世界各国首脑发出倡议，希望他们能在新千年即将到来之际，用本民族的语言，以诗的形式，为和平题写一首诗文或箴言。这一活动得到了各国首脑的热烈响应。百余位国家首脑欣然写诗著文，祈祷和平。

2015 年，全球的诗人代表、文化界代表及社会各界代表三百余人，齐聚上海，隆重启动世界诗人大会，用系列独具创意的诗歌活动，共襄世界和平盛会。在这之前，世界和平圣诗 1998 年 5 月由美国人发起，提倡各国用本民族的语言，以诗的形式，为和平题写一首诗文或箴言。

目前，世界各种和平组织兴起，例如，世界绿色和平组织、国际环保组织、上海合作组织、世界宗教和平组织等，世界上越来越多人投入到了为推动世界和平而努力的工作中。

摘自【百度百科：世界和平组织】

思想家与"和"思想

16世纪哲学家帕拉切尔苏斯，反对人类把自己摆在与万物脱离和对立的地位。他指出，人们存在于自然之中，与整体和谐而不是在整体之上。"把自己吹捧为最高贵的创造物是傻子的行为准则。存在着许多世界，我们并不是我们这个世界中唯一的存在物。"

19世纪达尔文提出的进化论，认为人们仅仅是在进化长途旅行中的其他生物的同路者。时至今天，这种新的知识应该使我们具有一种与同行的生物有亲近关系的观念，一种生存和允许生存的欲望，以及一种对生物界的复杂事物的广泛性和持续性感到惊奇的感觉。

19世纪尼采明确提出，人"根本不是万物之冠，每种生物都与他并列在同等完美的阶段上"。

梭罗告诫人们，如果人类对自然的态度只是"能利用它就利用"，那么"人类是不会和地球联系在一起的"。

罗曼·罗兰：在春寒料峭的三月，当我们看到初放的花朵时感到无比幸福。现在，当我看到娇嫩而充满活力的人类善良之花冲破欧洲仇恨的冻土怒放的时候，我又感到了这种幸福。它们证明，温暖的生活仍然存在，任何东西都不能把它摧毁。

亚里士多德：闲暇当然是一种幸福。因为，我们为了获得闲暇而工作，为了和平过日而战争。

巴金：人类的希望像是一颗永恒的星，乌云掩不住它的光芒。特别是在今天，和平不是一个理想，一个梦，它是万人的愿望。

松下幸之助：上天赋予的生命，就是要为人类的繁荣和平和幸福而奉献。

毛泽东：全世界一切被压迫人民和被压迫民族联合起来，一切爱好和平国家要联合起来。

"和"的思想，从来都是人类孜孜不倦的追求，在世界的不同角落，千千万万人为"和"而战，为正义而战，这是构成世界大同、人类幸福的最美图画。

第三章　五行"和"之析

五行学说是中国古代用哲学思维认识物质世界的一种方法，是用朴素的联系性观点认识世界万物构成及彼此关系的一种哲学体系。

五行学说源于殷商时期，形成于西周，成熟于春秋战国，发展至今，运用于军事学、哲学、医学、命理学等很多学科，天文家用它研究宇宙天体，阴阳家用它研究风水玄学，中医学家用它研究脏腑经脉和疾病治疗，董仲舒将儒家思想与五行理论相结合，用于国家治理。仔细研究，中国人的思维方式、处世观念、社会关系等，以及很多中国文化现象，都深深浸透着五行概念。

笔者对五行文化多年研究总结：中国古代实际上要把五行当成一种解读事物之间复杂关系的工具，通过整体、辩证、类比"三大思维"透过现象看本质，从而提升认识问题、分析问题、解决问题的"三大能力"，这是五行最核心的本质。以五行哲学观指导形成五行世界观，是对立与和谐、矛盾与平衡的循环。

首先是五行物质论：任何人、物、事非独立存在，即同生态性。世界、国家甚至每个人就是一个生态，思考你有哪些关系构成，你的生态里有什么样的人、物、事，你离不开他（它）们，他（它）们也离不开你。

其次是五行关系论：对立即克，克即制约；和谐即生，生即促进。同一生态里的人、物、事，发生怎样的关系，哪些是有利的关系，哪些是不利的关系，怎么做利于或者不利于关系平衡。

五行物质论的提出和发展，使人具有整体思维。五行关系论的提出和发展，使人具有辩证思维。合二为一，就形成了五行哲学观和世界观的最主要方法。

笔者第一次通过五行哲学观和世界观的方法解读中国传统的"和"文化，旨在将"和"的思想发展脉络，"和"对当今世界和现代人类的重要意义，以及各个领域的"和"生态如何产生积极的作用，进行全面系统而深刻的剖析，以促进现代人类对"和"文化的重视。从提高人类道德文明素养这个方面，促进世界文明的进步。

第一节　五行"和"生态论

用五行思维理解"和"的生态，也就是把涉及"和"的群体与领域分析出来，然后一一对应，便于理清"和"对每一个层次的意义作用。

首先，涉及"和"的群体有：世界、国家、组织、家庭、个人。

其次，涉及"和"的领域有：人与自然、人与人构成世界之和；政治、经济、文化、军事、外交构成国家之和；战略、文化、责权利、运营构成组织之和；家风、家规、家教构成家庭之和；观念、行为、结果构成个人之和。

通过以上分析，首次为大家勾勒出"和"的生态构成图：

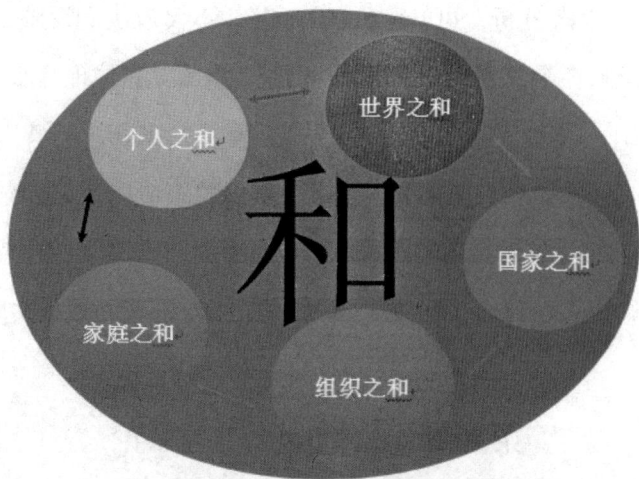

图 1　"和"生态构成图

　　"和"对世界的意义在于：友好和平，生生不息。人与自然和谐相处，保护环境，维持人类所需要的生活生态。人与人和谐相处，净化心灵，维持人类所需要的人文生态。

　　"和"对国家的意义在于：社会安定，繁荣昌盛。国与国和平相处，以和为贵，减少战乱伤害，促进文化交流，促进商贸合作，推动世界协同发展，提高人类幸福指数。政府与民众和谐相处，维护社会稳定，增强民族团结，提高民族核心竞争力，促进文化经济大繁荣。

　　"和"对组织的意义在于：团结稳定，蒸蒸日上。领导、员工、同事、客户、内部外部和谐相处，减少组织内耗，增强组织凝聚力，提高组织绩效。

　　"和"对家庭的意义在于：家族兴旺，家庭美满。父母、兄弟、姐妹、夫妻和睦相处，呵护家庭亲情，维护家庭稳定，共建幸福家园。

　　"和"对个人的意义在于：修身，齐家，治国，平天下。人与外界和谐相处，学会珍惜友情、亲情、爱情，学会理解、尊重、包容、诚信、忠诚、合作、共赢。人与自己内心和谐相处，树立理想、信仰，追求积极向上，争取学习、工作、生活、健康、情感的良好发展。

通过五行生态分析，可知，人的"和"，不仅取决和反映于一个本体，而是取决和反映在个人、家庭、组织、国家、世界。具体理解即：世界不和，对国家、组织、家庭、个人有影响；个人不和，对家庭、组织、国家甚至世界有影响；任一个本体发生不和，都会对其他几个造成关联影响。这就叫物质的统一性，相互联系，相互作用，相互影响，构成"和"的生态。生态不可破坏，否则损人不利己。生态要共同维护，才会唇齿相依，共享美好。

第二节　五行"和"关系论

五行"和"生态分析，第一次走出了"和"的部分相互性，从根本上破解了"和"的多元克生性，从"和"与"不和"两面性揭示"和"的本质特点。

譬如一个人，如何与家人、组织人、国家和世界的更多社会人和谐相处，才是"和"之道！不"和"，有可能出现在很多环节。例如，与家人不和，把不良情绪带到组织和社会，影响了和其他人的关系，造成更大范围的不和；与组织人不和，结果恶性循环到家庭或者社会上的更多群体，也同样造成更大范围的不和；与社会人不和，进一步扩散到家庭和组织里，造成连环负面反应。反之，一个人与组织和社会人和谐了，建立了良好的社会关系，获得了很好的社会成就，拥有了物质基础或者愉悦的心情，也会更好促进和家人的和谐。而在另一个层面，一个组织不和谐，人的不良情绪和行为扩散，会造成家庭不和谐、国家不和谐甚至世界不和谐……"和"的范围越小，涉及的群体越少，幸福、快乐、发展、成功的指数也就越低；相反，懂得与更大范围内更多的群体"和"，幸福、快乐、发展、成功的指数也就越大。这就是影响"和"的多元克生关系。

通过五行中"和"的多元克生关系分析，使我们更加深刻地认识到"和"与"不和"的有利、不利影响，从而增强我们从意识和方法论上形成"和"的思想和能力，对于提高世界管理、国家管理、组织管理、家庭管理、个人管理水平都是极其重要的。

第三节 五行"和"观点论

一、"和"是政治

"和"是政治，一指世界各国对"和"的认识，在国家管理中不懂"和"，就等于不懂政治，政权建立、政体建设因维护大多数民众利益而得到拥戴，形成全国上下和谐相处、与其他国家和平相处的局面，增进国民团结和国际友好合作，才利于国家走向繁荣富强；二指社会人对"和"的认识，无论与家人、朋友、同事相处，都要把"和"上升到大是大非的政治高度来重视，把维护团结、与人和谐相处作为头等大事来抓，没有团结就没有发展，没有和谐就没有幸福。

二、"和"是经济

"和"是经济，指的是无论一国，一企，一家，还是一人，想要发展经济，就必须与人合作，没有对与人和谐相处的高度认识和正确思想，就不可能达到资源共享，不可能实现取长补短，形不成供应、销售、交换链条，就没有产出与回报，就没有真正经济价值的实现。例如，俗话说："要想富，先修路。"重视"和"就是在搭桥铺路，为做生意、搞商贸、促交流、增合作筑起一条协同发展的阳光大道。

三、"和"是文化

"和"是文化，就是把和平、和谐、和睦、和美上升到文化的层面来看待，一个国家最优秀的文化，体现在为人类创造的物质和精神文明，即促进"和"的民族精神、习俗、习惯；一个组织、家庭的文化，表现在为社会增添发展力，即践行"和"的良好理念、干劲、风貌。一个人的文化，体现在超越学历、技术、基本能力之上的核心竞争力，即为在工作、生活、社交中，以"和"为人处世的素养、形象及言行举止的气质、礼仪。

四、"和"是道德

"和"是道德，目的是让人认识"和"与"德"互为表里、互为因果的关系，与人"不和"也就谈不上有道德素养，同样有道德也要体现在与人和谐相处上。因此说，抛开"和"谈道德，道德没有基础；抛开道德谈"和"，"和"就没有根基。

例如，笔者在"职业道德三纲五常"中提出，道德是一个综合的文明素养标准，体现为"一切利于国家、一切利于组织、一切利于他人"的价值观，也体现在诚信、忠诚、服从、守规、担责的行为规范和习惯，如果人人具备了这个道德标准，自然很容易做到与他人、与组织、与国家和谐相处；同样，如果人人能够做到与他人、与组织、与国家和谐相处，也就说明具备了较高的道德素养，具有了人心深处更大的善。

因此说，"和"即善，"和"即德，"和"可以培育善心、德行、福报。善心、德行又可以很好推动"和"的形成，这就是形成"和"上升到道德层面来看待的重要性。

五、"和"是幸福

"和"是幸福，试想"不和"有幸福吗？战争动乱带来生灵涂炭，人不但没有安宁，还要面临生命危机及生存危机，谈何幸福？社会矛盾摩擦带来动荡不安，人的衣食住行及精神世界同样濒临危险境地，谈何幸福？人与人之间互相猜忌排斥，七情不疏导致个人身体疾病，给工作、学习、生活带来重重隐患和压力，谈何幸福？

笔者研究发现，大凡生活不愉快、工作不顺利、事业不成功的人，都是不同程度地在"和"上出了问题。只有重视和做到"和"，才会有好的运势；有好的运势，才会有合作产生财富；生存和发展得到保障，才会从心底产生快乐，在此基础上拥有了健康和幸福，即：和生运，和生财，和生乐，和生康，和生福。这就是笔者首次提出的"和"与个人"新五福"的关系分析，这个研究成果已经开始造福很多人，使他们拥有了不一样的精彩人生。

实践证明，五行哲学观和世界观是一门非常智慧的学问，我将这个科学的方法用于"和"文化的系统研究和探索，希望真正为世人打开一扇通往幸福和成功的大门。

如今，中国传统文化已经上升为重要的战略资源，中国传统"和"文化必将有益于世界和平与发展的进程，对"'一带一路'文化先行"的重要理念实施，对造福全世界人类文明，起到重要的推动作用。

世界篇

悲剧，刻骨铭心……

战争，自出现以来，就给人类带来了深重的灾难，据不完全统计，战争消耗了大量资源，造成的生命财产损失触目惊心！

在人类历史的长河中，有文字记载的3500多年时间里，世界上共发生过14531次战争，使36.4亿人丧生。

例如，13世纪的蒙古西征，死亡的人数高达2亿，仅以中国来说，人口便从战前的11000多万降至战后的5000万人。特别是四川地区，在元朝建立前，估计有1300万—2000多万人，入元后竟然不满80万人，十室九空。中亚地区人口死亡率高达91%。

第一次世界大战，持续了4年3个月，参战国家33个，卷入战争的人口达15亿以上，约占当时世界总人口的75%。战争动员军队6540万人，军民伤亡3000多万人，直接战争费用1863亿美元，财产损失3300亿美元。

第二次世界大战，历时6年之久，先后有60多个国家和地区参战，20亿以上的人口被卷入战争，战争双方动员军队1.1亿人，战争伤亡超过1.9亿，其中军人死亡5120余万人，平民死亡约2730万人，3000多万人流离失所，直接战争费用13520亿美元，财产损失高达40000亿美元。战胜国苏联人口损失了20%，西部地区几乎夷为平地。

越南战争，历时14年之久，是第二次世界大战以后持续时间最长、最激烈的大规模局部战争。战争中，越南有160万人死亡，1000多万人成为难民；美国有5.7万人丧生、30多万人受伤；战争耗资2000多亿美元，财产损失5200亿美元。

两伊战争，历时近 8 年。伊朗死伤 60 多万人，伊拉克死伤 40 多万人。两国无家可归的难民超过 300 万。两国石油收入锐减和生产设施遭受破坏的损失超过 5400 亿美元。两国在这场战争中损失总额达 9000 亿美元。战争使两国的经济发展计划至少倒退了 20 至 30 年。

海湾战争，历时 42 天，美军死伤近 4000 人，其他国家军队亦有轻微损失，伊拉克方面则伤亡近 10 万人；科威特直接战争损失 600 亿美元，伊拉克损失约 2000 亿美元，美国则为战争耗资 600 亿美元；科索沃战争，历时 78 天，空袭造成南联盟境内大部分地区的军事、民用、工业设施和居民区严重破坏，南联盟 1000 多名无辜平民死亡，数十万阿尔巴尼亚族人沦为难民，美国为此耗资 250 亿美元。

朝鲜战争经济损失 3400 亿美元。

第四次中东战争经济损失 210 亿美元。

阿富汗战争经济损失 1160 亿美元。

……

战争，泯灭了人性，生灵涂炭，民不聊生，国家的灾难！民众的苦痛！战争的伤痛你永远都不想经历……

例如，据宋元时期文献记载，宋人到中原后发现，中原地区千里无人烟，白骨遍地，井里塞满了死尸而水不可饮，偶尔有逃脱漏网的人，也因找不到食物和干净的水源活活饿死。

从德国柏林的大屠杀纪念馆，到美国洛杉矶的西蒙·威森塔尔中心，从中国上海的犹太人隔离区，到波兰奥斯维辛集中营阴森的旧址，那些悲凉的噩梦仍然扣动着每一个人的心弦：

——放逐希腊犹太人，长达十天的行程，等被驱赶的犹太人到达集中营时已疲惫不堪，等待他们的却只是奴隶般的劳作和肆意的被屠杀。据资料披露：罗得岛上有几百名犹太人被强行塞进几条破船里，然后被沉入波涛汹涌的爱琴海中。

——在奥斯威辛集中营，被运到的犹太人会经过一个挑选过程。可以做苦工的男性会被送到苦工营，而其他的会被送到毒气室，纳粹将一种被称为 Zyklon B 的氰化氢金属桶从管道掷入毒气室中，桶中的氰化氢在室温中即挥发为毒气。

——屠杀持续了一夜。两个难民营成了大屠场，成千的男女老幼的尸体横七竖八，有的倒在街上，有的被杀在家里。一些男人被捆绑着，拴在一起押在卡车上拖走，有的青年被割去了生殖器，有的喉管被割断，有的奶头被割掉，还有人头颅被砍掉，有的妇女紧紧地抓住自己的婴儿死去。

广岛原子弹爆炸亲历者："满世界都是行走的鬼"，鸟在半空中被点燃了，蚊子、苍蝇、松鼠和家养宠物都爆裂而死，城市本身地表上的矿物、植物和动物都遭到毁灭……

"人们的相貌是……唉，他们都因为灼伤而皮肤变黑……他们都没有头发，因为他们的头发被烧掉了，一眼看去，你无法说出你是在看他们的正面还是在看他们的背面……他们的皮肤——不仅是他们手上的，而且也有他们脸上的和躯体上的——都挂了下来……然而，无论我走到哪里都遇到这样的人们。"

当时街道上有些尸体仍然保持着完整的走路姿势，另有一些尸体四肢伸开地躺着……除了几座钢筋混凝土建筑外，没有任何东西存留下来……这座城市的每一块土地就像是荒漠，只有一堆堆碎砖和碎瓦片……

——摘自 2014-8-16 南海网—海南日报

据联合国统计，最近的十来年间，200 万儿童在战争中被杀，600 万儿童在战争中受伤，2300 万儿童因此而无家可归、颠沛流离。

我们以和平的名义呼吁——"共生"

不要动乱！不要纷争！要和平！要安宁！这是世界 70 亿人民和平正义的呼声！用我们的行动祭奠那些为维护人类自由、正义、和平而牺牲的英灵和惨遭屠杀的无辜亡灵！用我们的行动唱响"和平与发展"的时代之歌！

不幸，仍在继续……

然而，因为战乱、民族矛盾、政权纷争等因素导致的贫困现象在世界很多国家存在！生产力落后，物资匮乏，教育缺失，带来的混乱，贫穷，饥饿，疫病……各种不幸仍然在人类身边发生着。

联合国粮农组织报告指出，全世界每 6 人中就有 1 人面临饥饿问题！全球无法摄入充足营养的人口约 10 亿！在一些国家营养不良儿童高达15%！

联合国经社理事会发布 2017 年《发展融资：进展与展望》报告显示，

如果不加强国际合作和国家层面的行动，到 2030 年，全球仍将有约 6.5%的人口面临极度贫困的威胁。

发展的极度不平衡，让我们赖以生存的地球，不堪重负，遍体鳞伤！空气污染严重，气候变化明显，资源枯竭、世界性生态不平衡成为全球性问题，可持续发展环境遭到破坏……

工业革命以后，大量化石燃料燃烧、大幅度变化的土地利用、水泥生产和生物燃烧所引起的二氧化碳排放，形成温室效应，导致全球变暖！据《世界环境污染状况报告书》：

土地退化全球大约 20 亿 hm^2，相当于地球陆地总面积的 15%。

主要金属和非金属矿产最多可支撑使用几十年至百余年，按照目前的开采规模，到 2020 年地球上的大多数矿产资源包括铜、铝、锡、锌、金、银等都将被开采完毕。

由于不断开采海洋沉淀物，导致海洋和海岸污染严重不断退化。

全球有 12 亿人用水短缺。

核武器，具有大规模毁伤破坏效应的武器，是 20 世纪 40 年代科学技术重大发展和世界战争持续升级的结果。至今，给人类安全埋下重重危机。

马绍尔群岛已经进行了 67 次核试验，在 1954 年的一年内，就接连爆炸了三颗 1000 万吨以上当量的核武器。甲状腺疾病和恶性肿瘤也成为当地的常见病。残留的放射物经历了近 60 年的风雨早已经混杂在土壤中，要彻底清除唯一的办法是把整个岛上的表层搬走，这就意味着整个岛剩下的只有沙子和荒地。

不久渔民们都出现了恶心、腹泻、脱发等现象。当年有 12 名渔民死于肝硬化、癌症；一年后，又有 61 人死于白血病、癌症或肝硬化。

我们以和谐的名义呼吁——"共处"！

绝不让人类生存环境继续遭到破坏！各国、各民族、人与自然要和谐相处，消除贫穷，走向富裕！这是世界人民共同正义的呼声！用我们的行动支持全球生命共同体建设，推进人类建设美好的"世界之家"，迎来幸福快乐的岁岁年年！

阴霾，笼罩未散……

民族矛盾、大国利益、教派冲突等等，时刻威胁着世界的安宁！国际恐怖主义活动肆意猖獗，中东地区冲突，引发大量欧洲难民，形成社会不安定因素……

叙利亚问题，朝鲜半岛问题、阿富汗问题、巴以问题……危机和冲突仍是全球面临的最重大问题。

"中东战争"是第二次世界大战后持续时间最长的战争。直至本世纪中东地区的冲突未曾停止，不断的爆炸、封锁和自杀式袭击，带给平民尤其是儿童无尽的伤痛，伊拉克全国 12 岁以下的战争弃儿多达 160 万。

科索沃战争中使用的贫铀弹和《日内瓦公约》禁用的集束炸弹导致新生儿白血病和各种畸形病态。持续的轰炸还严重恶化了原南联盟及其周边国家和地区的生态环境。

科特迪瓦总体选举引发的政治危机和暴力事件导致 2 万多名难民逃亡邻国利比里亚!

恐怖主义活动猖狂,美国"911 事件",造成超过 3000 人死亡。2015 年,中国公民樊京辉被"伊斯兰国"极端组织绑架并残忍杀害。2016 年,全球范围内恐怖袭击频繁发生,这一年堪称"恐怖之年"。

2014 年 3 月 8 日,马来西亚航空公司称由吉隆坡飞往北京的一架波音 777–200 飞机与管制中心失去联系,客机上载有 227 名乘客(包括两名婴儿)和 12 名机组人员在南印度洋坠毁,无人幸存。

全球毒品问题泛滥。据联合国毒品和犯罪问题办公室统计,全球有 170 多个国家和地区涉及毒品贩运问题,130 多个国家和地区存在毒品消费问题,2.5 亿人沾染毒品。吸毒者在自我毁灭的同时,使家庭陷入破产,诱发了各种违法犯罪活动。

金融危机爆发以来,各种社会风潮、骚乱不断席卷世界各国,其中既有俄罗斯、印度、巴西、南非这样的新兴大国,也有美国、英国、法国等发达国家。一些右翼团体与传媒甚至公开将骚乱称为"种族战争",激化了社会冲突。

我们以幸福的名义呼吁——"共赢"!

人民要幸福!发展要和平!世界要共赢!人爱人,世界才美好!岂可为私利而置生命草芥不如!保护人身安全,维护民族平等,使命艰巨!这是世界人民正义的呼声!我们用博爱造福人类,让民主、自由、平等、和谐照亮世界每一个角落!

"和"为世界人民的幸福之源

"和"为世界各国的共存之本

"和"为世界文明的发展之道

治世之道，在于天下大和。和而不解，天下大乱，苍生受损，人间悲哀。大善者行其和，小善者行其物；大德者谋其和，小德者谋其善。故而，"和"为治世之道，"和"为平天下之策。以"和"为度，以"和"为安，世界处处欢乐，人类万世太平！

本篇通过对"和"文化的研究应用，主要解决世界管理中四个方面的问题：

一、减少人与自然"不和"引发的生存矛盾，重视自然环境的保护和治理，达到人与自然的和谐相处，避免自然灾害给人类带来的负面影响；

二、减少世界"不和"引发的国家矛盾冲突，重视"和平与发展"的时代需求，避免各类冲突给世界人民带来生命财产损失；

三、减少国家"不和"引发的发展不均衡矛盾，重视推动经济全球化、市场国际化，为"一带一路"顺利推进扫除障碍，促进世界各国繁荣富强；

四、减少人类"不和"引发的交流合作矛盾，推进各国文化交流，促进世界文明进步，提高世界人民的健康与幸福指数。

第四章 "和"为世界治理之道

　　"和平与发展"是当今时代的主题，是世界各国人民的理想和期盼，更是世界治理应遵循的原则。和平是发展的途径，发展是和平的结果。和即合，和平、和谐带来融合；合即共，融合则能共生、共处、共赢，达到发展之目标。所以，"和"是全球治理的根本理念，共生、共处、共赢都以"和"开道，三方面共同构成世界治理之道，对于实现世界和平与发展有着至关重要的意义。

第一节 "和"为共生之道

　　"和"为共生之道，和平以共生，共生以发展，一荣俱荣，一损俱损。

　　世界是个共同体，其中的每个元素，包含国家、人、自然等等一切，都是共同体的一分子、一个细胞，彼此依赖，相互影响。既然共同生存于一个世界，就要以"和"为共生之道，共同维护好相互之间的关系，无论是世界之间、国与国之间、人与自然之间的各种关系，只有相互尊重、相互理解、相互支持、相互促进，才能为生存打下良好的基础，才能创造出美好的生存环境，才能与共同体共生、相互间共生；缺此失彼、相互制约、相互斗争，便将生存困难，甚至于不能生存，何来共生可言呢？

纵观当今世界，随着科技的进步和经济全球化的发展，国与国之间交流和合作日益广泛，彼此相互依存也在日益加深，很多国家之间已经或正在形成为互利共生的关系。

那么，如何实现共生？

和平以共生

和平是共生的前提和基础，安全是和平与发展的重要保障。这里的安全，不仅指安全领域，也包含非传统安全领域。目前，生态环境的日益恶化，国际恐怖主义的肆意猖獗，网络安全的此起彼伏，金融危机的全球蔓延，跨国犯罪引起的区域动荡，核污染造成的全球恐慌等，严重威胁着世界的和平与发展。而这其中任何一个领域的安全，无一不需要国家之间的合作与配合。中国提出的新安全观，是国家间互利共生理念的典范，是中国促进和谐世界的努力。

共生以发展

共生是发展的有力保障，是资源有效配置的根本保障。在经济全球化的今天，世界发展的格局发生了改变，各种资源等待重新配置。发达国家、发展中国家由于各自优势和需求各不相同，形成了很好的互补之势，例如，发达国家擅长于技术研发，发展中国家可以提供廉价的原材料、劳动力和生产场所，双方优势互补、劣势共消，促进了彼此的合作与共同发展。但与此同时，不公平的国际秩序使得发展红利更多涌向发达国家一方。以"和"之道促进国际政治经济新秩序的构建，促进各国更好的互利共生，是实现世界各国可持续发展的必由之路。

和平以共生，共生促发展，发展利和平，如此良性循环才是发展的正道。

当然，共生中必然有竞争、矛盾、冲突，如优胜劣汰，适者生存等，但这种竞争、矛盾、冲突不是以此消彼长、你死我亡为价值导向，而是以和谐、融合，即融突而和合为价值导向，它意蕴着新的生命的呈现，因"和"而"合"则荣和富。

第二节 "和"为共处之道

"和"为共处之道，指的是人与自然、国与国、社会、他人、心灵和文明的"和谐共处"。

人类一旦离开了与自然、国与国、社会、他人、他文明，以至心灵的共处，人类将不复存在。因此，面对冲突与竞争，人们必须以"和"的处事观来规范自律，解决或避免恶性竞争。人对于自然、文明、社会、他人和心灵，都应以"和"的理念和态度来共同相处。

当今世界，是一个多文化、多国家共处的多元化世界，这些国家有不同的意识形态、不同的民族信仰、不同的历史背景，也处于不同的发展程度。由于科技的飞速进步和全球化的发展，以及生态、安全等人类共同问题的全球蔓延，任何一个国家都不得不依靠与其他国家的合作来实现本国的生存和发展。

国家之间如何实现和平共处，对各国发展、人类文明整体进步以及人民的安定幸福都显得尤为重要，正所谓"己欲立而立人，己欲达而达人""己所不欲，勿施于人"。以"和"共处，不是以他方的消灭、消亡为自己"立"。例如，乱垦滥伐、生化武器、霸权主义是唯我独尊，是死路一条。

"己欲立而立人"的精神，是以开放、宽容的胸怀，接纳自然、社会、人际、心灵、文明按其适合于自己特性的生存方式和模式而立于世界之林。

"己欲达而达人"指人与自然、文明、社会、他人、心灵都应共同发展。发达国家与不发达国家、发展中国家以及转型中国家，都应具有共同发展的意识。发达国家之所以发达，是过去曾靠侵略、剥削殖民地或战争赔款来发展自己的，发达国家应以共同发展意识指导帮助不发达国家发展，而不应采取各种制裁、限制，甚至挑起战争等手段，破坏不发达国家的发展权利。任何人、国家、社会都在关系中生活，谁也离不开谁。假如某个地区发生动乱和分裂，造成的涟漪效应，会波及发达国家，其造成的后果往往是不可承受的。当前的叙利亚难民已使欧洲国家陷入困境，可想而知如果发展中国家反复出现动乱，世界发展必然受到巨大的影响。

所以必须树立正确的发展观，实现国家之间和平共处，共同发展，才能实现本国以及世界的可持续发展。

第三节　"和"为共赢之道

"和"为共赢之道，和平才能共同发展，共同发展带来共赢。

共赢思维是人与人或人与自然之间更好的、和谐的共处方式。大至国家之间的合作，小至个人、家庭的合作，共赢是一切合作得以持久的基础。当然，它不是逃避现实，也不是拒绝竞争，而是以理智的态度求得共同的利益。

当今时代已经步入经济全球化，互利是唯一理性选择，共赢是一切合作的目的，没有"和"，则实现不了"共赢"，"和"文化精神是互利共赢的价值前提，也是中国处理对外关系的理念指导。

一、经济全球化良性发展的以"和"共赢

经济全球化与国际分工互相促进，从而进一步加深各国的相互依存，促进国家之间的合作，实现共同发展，这是经济全球化使各国都能从中受益的可能性，经济学早已从理论上论证了这一点。

19世纪末的古典经济学认为"比较优势"下的贸易关系会给贸易国创造生产力，原因在于自由贸易使每个国家可以集中生产最有优势的产品，通过交换获得最大利润。如果政府限制贸易就会导致本来可以进口的产品在国内生产，既比进口成本高，也浪费资源。

20世纪80年代的"新贸易理论"提出：一个国家的开放度不仅影响到国内生产总值的实际水平，而且会长久影响一个国家的经济增长率。因为一个国家与其他国家经济交往程度高，将加快对前沿技术和全球先进管理经验的吸取速度，促进创新，降低成本，减少垄断的消极影响。国际贸易实例也许更具说服力。而国家之间的交往需要彼此以和平共处、共同发展为共同前提。

经济全球化是当今世界的现状和趋势，也是历史之必然，全球化是否能够持续推进，取决于主要国家能否有效地开展合作，取决于它们能否克服彼此之间的利益冲突，取决于它们能否有效地解决全球化带来的负面效应。

中国政府基于对经济全球化的客观认识，秉承"维护世界和平，促进共同发展"的外交宗旨，作出了对外经济实施互利共赢的务实的选择，这

也是促进经济全球化良性发展的以"和"实现互利共赢之道。

二、世界政治经济新秩序构建的以"和"共赢

不公平的国际政治经济秩序是造成世界各国发展问题的最主要的原因。南北合作固然能从一定程度上缓解南北发展的不平衡，但是要从根本上改变这种失衡状态，构建公平合理的国际政治经济秩序才是解决问题的根本手段。

WTO 的诞生是经济全球化发展的成果之一。如果说经济全球化带来的各国互利共赢具有自发性，那么 WTO 通过推进自由贸易全球化追求互利共赢则是一种自觉的行动。WTO 制度设计的出发点是：任何国家只要选择将自己的市场能量纳入多边体制的规则内，就能从中受益，它追求的是共赢的目标。它的宗旨是期望通过达成互惠互利的协议，使各国尤其是发展中国家和最不发达国家在国际贸易增长中获得与其经济发展需要相当的份额。实践表明，通过 WTO 的努力，国际上的贸易不平等已经开始减少。通过贸易刺激经济增长，而且只要有足够时间，经济增长就会或多或少地消除贫困。

诚然，经济全球化虽给参与国带来了好处，但是利大利小，赢多赢少各国并不相同，这取决于各国自身的竞争力。因为 WTO 提供给各国互利共赢机会，但并不提供保证，也不提供参与全球化经济的全部条件。一个国家只要对这种机会作出反应，便可能获得发展的机遇，"自由贸易已使一些低收入的人口大国普遍获得了比高收入国家更迅速的增长"。中国和印度就是很好的实例。

三、推动南北合作与富裕的以"和"共赢

邓小平曾讲过，当今世界存在两大问题，一是东西问题，一是南北问题，东西问题是和平问题，南北问题是发展问题，南北问题是主要问题。全球化的进程中，发达国家首先通过对发展中国家的野蛮侵略和掠夺，实现了本国的飞速发展，并通过制定和推行不公平合理的政治经济秩序，持续地剥夺发展中国家的发展潜力。

为改变不公平的合作状态，发展中国家也作出了积极的努力。二战之后，国家之间的经济合作有三种模式：南南合作、北北合作和南北合作。较早的南南合作应首推 1967 年成立的东南亚联盟和 1969 年成立的安第斯集团。四十多年的合作进展缓慢，原因在于南南合作成员都是发展中国家，经济结构相近，都以劳动密集型和资源密集型产业为主导，比较优势不能充分发挥，难以出现经济互补的状况，被称为"只开花不结果"的经济合作模式。而在此期间，发达国家的经济即使通过旧秩序获得优势地位，也难以避免屡次陷入发展困境，一大原因就是因为南北发展的严重不平衡。

几十年的实践表明，南北合作对于世界的共同富裕更有成效，通常给发展中国家带来更为可观的效益，因为国际贸易和国际投资往往成为贫穷国家经济增长的主要动力源。南北合作对于发展中国家而言，优越性主要体现为可以利用发达国家的庞大消费市场扩大本国产品的出口，快速引进发达国家的资本、技术和经济管理制度，可以通过建立经济合作和援助机制，减轻经济危机的影响，保持本国经济发展的速度和稳定。例如，美、加、墨组成的北美自由贸易区是南北合作的典范，三国在能源、制造业、农产品等领域经济互补，其中墨西哥受益很大。尤其是 1994 年墨西哥爆发严重金融危机时，美国向其提供了 500 亿美元国家援助贷款，并大量购买其产品，使其经济迅速恢复。

南北合作，基于长久和平与发展的重要前提，也是实现持久和平与发展的必要手段，是"和"文化理念中世界经济发展的重要表现。

四、国家利益最大化发展的以"和"共赢

互利共赢是目的，和平交流是前提。国家之间实现互利共赢的前提首先是合作与交流，而合作与交流的前提是一个国家的对外开放，通过对外开放，吸引合作与互动，实现资源与科技的互补，进而促进合作各方的互利共赢。

中国自改革开放以来，从对外贸易中受益匪浅，尤其是 2001 年入世后，中国的外汇储备从 2121 亿美元上升到 2016 年的 3.1 万亿美元，居世界第一。同时，中国的贸易对手也从中获利。据美国摩根斯丹利统计，美国人由于使用中国制造的商品，在过去 10 年给美国节约了 6000 亿美元。此外，新贸易理论在新加坡也得到了有力印证。缅甸的领土比新加坡大 1000 多倍，但缅甸地处内陆相对封闭，开放度很低，而新加坡的开放度值将近 100%，开放度导致新加坡的收入水平远超缅甸。在全球化时代，民族国家仍然是世界的主要角色。只有当自由贸易通过互利共赢的途径，给各国带来各自最大的国家利益时，才能激发各国开放国际贸易的积极性，推进经济全球化的良性发展。

五、共建人类命运共同体的以"和"共赢

世界各国的互利共赢以"和"文化精神的全球普及和深入浸透为基本前提，以各国持续加深的相互依存为发展过程，已经将全人类逐渐发展成一个命运共同体。一方面，通过彼此竞争与分工合作来实现共同的繁荣和发展，另一方面通过相互协作共同对抗越来越严峻的全球问题。两方面的

合作都必须以"和"为前提，同样也都以"和"为结果。

为践行合作共赢理念，中国致力于搭建新合作框架，打造合作关系升级版。其中包括，以"2+7"新框架打造中国—东盟合作升级版，以"461"框架打造中非合作升级版，以"1+2+3"合作格局深化中阿共建"一带一路"天然合作伙伴关系，以"1+3+6"合作新框架构建中拉关系五位一体新格局，并搭建中国同南亚未来合作总体框架。同时，倡导共同、综合、合作与可持续的亚洲安全观，推动金砖国家等形成一体化大市场、多层次大流通、陆海空大联通、各国人民大交流。

六、繁荣发展"一带一路"的以"和"共赢

互利共赢是中国的对外开放战略，主张合作共赢、双赢、多赢的新理念，把既符合我国利益、又能促进共同发展，作为处理与各国经贸关系的基本准则，在扩大对外开放中，切实维护国家经济安全。在外交实践上，树立全球意识，实施互利共赢战略，积极推动建立以合作共赢为核心的新型国际关系，通过广泛开展经贸技术，形成深度交融的互利合作网络。这不仅是中国和平崛起的体现，也是中国"和"的价值观念的必然选择。

2014年，中国以"一带一路"建设为纽带，以互联互通为抓手，将自身发展战略与区域合作对接，将"中国梦"与"亚洲梦""欧洲梦"连通，打造合作共赢大格局。同时，中国在务实合作上拿出大手笔，亚洲基础设施投资银行开始起步，丝路基金已经设立，为"一带一路"建设提供了有力支撑。目前"一带一路"建设已获得沿线50多个国家响应参与，步入务实合作阶段。

"一带一路"战略，是中国"和"文化精神的集中体现，也是共建人类命运共同体的扛鼎之作。它以中国"和"文化精神为根本源头，以中国

的和平发展为途径，以构建和谐世界和人类命运共同体为目标，充分依靠中国与有关国家既有的双边和多边机制，借助既有的、行之有效的区域合作平台，借用古代丝绸之路的历史符号，高举和平发展的旗帜，积极发展与沿线国家的经济合作伙伴关系，共同打造政治互信、经济融合、文化包容的利益共同体、命运共同体和责任共同体。

习近平主席提出"'一带一路'文化先行"，我于2015年指导形成的一个文化创新产业项目"书家名墨"，即是贯彻这个精神，作为各国参与"一带一路"文化集中展示的窗口，以及商贸、文化交流的大平台。

中国通过自身的发展继续为促进地区和世界各国的共同繁荣作出贡献。历史告诉我们，战争的结局是两败，合作的结果是双赢。现实告诉我们，一国在着眼于本国利益的同时，只有尊重对方的利益，只有将历史的恩怨、社会制度的异同和意识形态的差别放在求同存异、寻找利益交汇点的大原则下去处理，才能实现国际合作最大化和国际争议最小化。中国的经济发展需要充分利用国际国内两个市场、两种资源。中国两大挑战是国内需要和谐社会，国外需要和平发展。互利共赢是中国在维护世界和平中发展自己、又以自身发展促进世界和平的战略选择，是中国和中国企业积极参与国际经济竞争和坚持国际经济合作的行为准则。

由此可见，共赢是一种卓有远见的和谐发展观，既利人，又利己；既合作，又竞争；既相互比赛，又相互激励……达到的效果远远比单赢要大得多，远得多。这就是中国传统"和"文化的价值魅力。

第五章　"和"为世界治理之策

当今世界主要面临两大任务：一是和平，二是发展。两者相互联系，相互作用，相互影响，任何一个方面的进步都对另一个方面产生推动，这是五行哲学观的"生"；反之，任何一方面做不好，则对另一个方面造成制约，这是"克"。只有重视"和平与发展"的平衡协调，才能实现世界文明进步，使人类获得幸福保障。

第一节　"和"为和平之策

人类赖以生存的世界是一个多元化的世界，世界多极化、文明多元化、发展多样化是当今世界各国的现实特点。要实现国与国之间的和平，必须做到求同存异，互相尊重。

1953 年，中国政府在会见印度来访团时，提出了和平共处的原则，通过不断完善发展成中国乃至全世界各国处理国家间关系的"和平共处五项原则"。其主要内容是：互相尊重主权和领土完整，互不侵犯，互不干涉内政，平等互利，和平共处。

和平共处五项原则，是中国奉行独立自主和平外交政策的基础，被世界上绝大多数国家接受，成为规范国际关系的重要准则。这是中国的和平发展之策，也是世界各国共同发展的"和平之策"。遵循和贯彻这一规则，必须奉行以"和"为贵，具体体现在"五个尊重"：

一、尊重他国主权之"和"

一个国家的主权相当于一个人的人身自由，人权不容侵犯。如果连这一点都做不到，就失去了基本的道德操守，必因激起众怒而引起纷争，难以取信于人。各国应相互尊重他国固有的对内最高统治权以及对外独立权，互相尊重国家的领土主权，不损害他国领土的完整性。并不以本国国家利益为唯一考量，而以共同利益作为实现本国长久利益的出发点和依据。

二、尊重他国领土之"和"

领土就是家园，人家的家再美也不能觊觎，不容侵犯。国家间应平等协商，光明正大、在双方自愿的原则下合作发展，绝不可以强行"夺"偷偷"占"。各国在相互交往中不得以任何借口进行侵略，不得以违反国际法的任何形式使用武力或以武力相威胁，侵犯他国的主权与领土完整；秉承和平共处精神，不以战争作为解决国际争端的手段，这便是"和"的精神。

三、尊重他国内政之"和"

和平与发展是发展目标问题，发展方式是路线途径问题，由于各国实际情况千差万别，国家在相互关系中不应以本国利益为出发点，寻求任何借口将自认为的"模式"套用给别国，更不可以通过政治、军事、经济、文化等手段干预他国主权范围内的发展事务。国家发展的学习、借鉴、跟随，是维护正当权益下的自愿行为，而不是"强加""硬套"的照搬。

四、尊重他国地位之"和"

人不论财富与职位，人格是平等的。国不论大小与强弱，地位也应是平等的。世界各国发展阶段不同，但应当彼此尊重，在法律上享有平等地位。任何大国、富国、强国，不能够看不起"小兄弟""穷亲戚"，更不能够以损害他国利益的方法谋求任何特权和攫取本国的片面利益。大国地位不是打出来的，强国利益不是霸道来的，而是和谐友好、互尊互爱、互帮互助出来的。

五、尊重他国文明之"和"

人类繁衍发展，在不同的自然环境中生活，产生了不同的物质、精神差异，世代传承形成丰富多彩的世界文明，思想、科学、语言、文化、艺术、习俗等等，都是值得人类共同珍惜的财富。各国在交往中，首先应该尊重不同的文明和信仰，提倡各国文化的学习交流，建立互敬互通、和谐相处的文明环境，杜绝惨无人道的排斥毁灭。在全球一体化发展的今天，更加要允许不同的发展模式和发展路线，在谅解中前行，包容中共处，以利世界人民共建和谐世界。

几十年来，"和平共处五项原则"经受了国际风云变幻的考验，显示了强大的生命力，在促进世界和平与国际友好合作方面发挥了巨大作用。这是中国"和"文化精神持续爆发的生生不息的力量，也是世界大"和"之共同愿望所延伸出的必然结果。

中国不仅是"和平共处五项原则"的倡导者，而且是其忠诚的奉行者。

我们希望中国传统"和"文化能够在国际政治学研究、国际关系建立、国际法规范及国家外交学、国家战略学、现代战争与和平事业的研究和发展中，发挥重要的平衡、协调和促进作用。

第二节　"和"为发展之策

"发展是硬道理"！矛盾与冲突，需要发展来解决；贫困与落后，需要发展来解决；共生与共处，需要发展来解决。政治的文明，经济的发达，文化的繁荣，合作的多元，关系的和谐，都作用并反作用于发展。世界各国努力构建和平的发展环境，是促进全球进步的最佳发展之策，这就是"和"平天下。

一、"和大国"之多极化发展的促进

"和大国"意即建立不冲突、不对抗、良性互动、合作共赢的新型大国关系。

众所周知，大国在维护世界和平与推动全球发展中所起的作用举足轻重。纵观世界关系时，我们可以发现这样一个规律：大国和，世界和；大国乱，世界乱；大国关系紧张，制约全球发展。因此建立和谐友好并积极向前的大国关系，对于维护世界和平、全球的持续发展至关重要。

当今世界，政治多极化已经成为不可避免的趋势，也是世界各国人民的愿望。虽有某些大国妄想建立全球霸权，成为世界的领导者，但这种逆历史潮流的努力是企图冒天下之大不韪，注定是徒劳无功的。

大国外交也是中国外交的重中之重，中国和平发展道路是中国社会发展的国际战略。2005年，中国政府发表《中国的和平发展道路》白皮书，

阐述了中国走和平发展之路的立场和决心。走和平发展道路在中国有深厚的历史文化渊源和基础，体现了中国人民的真诚愿望和不懈追求，是中国的"和"文化精神的重要体现。

中国不仅通过自身的和平发展向世界证明了新型大国的崛起模式，同时在"和大国"方向也取得了突出的成果：中美构建不冲突不对抗，相互尊重、合作共赢的新型大国关系；中俄关系处于历史最好时期，两国探索出了一条结伴不结盟、共同繁荣的新路；中欧作为当今世界两大力量、两大市场、两大文明，共同努力建造和平、增长、改革、文明四座桥梁，建设更具全球影响力的中欧全面战略伙伴关系。良性互动、合作共赢的新型大国关系，既为中国自身发展创造了重要条件，又为国际治理体系的完善与世界的和平与发展作出了新贡献。

二、"和邻邦"之区域发展的促进

"和邻邦"即建立和睦友好的睦邻友好关系，共同致力于促进区域发展。

一国的发展，离不开和谐稳定的周边环境；人类的可持续发展，也离不开各地区的和谐与稳定。"和邻邦"是促进区域稳定与进步的发展之策。习近平同志就曾指出："我们将牢固树立创新、协调、绿色、开放、共享的发展理念。我们要加强同世界各国特别是周边邻国的合作，愿意也期待同各国分享发展机遇，共创亚洲美好未来。"

"和邻邦"也是我国特色大国外交和构建和谐世界的重要理念。习近平主席强调，我国周边外交的基本方针，是坚持与邻为善、以邻为伴，坚持睦邻、安邻、富邻，突出体现亲、诚、惠、容的理念，使周边国家对我们更友善、更亲近、更认同、更支持，增强亲和力、感召力、影响力。作为新周边外交的核心理念和指导方针，"亲、诚"要求诚心诚意对待周边国家，争取更多朋友和伙伴；"惠、容"要求本着互惠互利的原则同周边国家开展合作，同地区发展前景对接起来。

当然，"和邻邦"并不是无原则的盲目求和，坚决捍卫国家核心利益，坚持和平解决争端，这是实现"和邻邦"的必要前提和手段。如"亚太梦想"、中国—东盟命运共同体和东盟共同体、东亚共同体、强调与印度共创和谐的"亚洲世纪"、欢迎周边国家搭中国发展的列车等，是中国"和邻邦"等重要体现。同时，反对国际交往中不"和"的利己主义。例如，中国坚决反对日本损害中国领土主权的行为，坚决反对日本歪曲历史和破坏战后国际秩序的图谋。处理南海问题，中方赞成并倡导"双轨思路"，即有关争议由直接当事国通过友好协商谈判寻求和平解决，而南海的和平与稳定则由中国与东盟国家共同维护。

三、"和秩序"之公平发展的促进

"和秩序"意思是主张通过各国的积极努力和配合，共同建立更利于世界各国公平发展的和平、稳定、公正、合理的国际新秩序。

不公平的国际秩序是制约世界各国公平发展的主要原因之一，既不利于世界的和谐，更不利于世界各国的长期可持续发展。

当今的国际秩序是在广大发展中国家处于无权地位的情况下，由少数大国按照发达国家的意愿和利益建立起来的。以霸权主义、强权政治和剥削掠夺为基本特征。它包括国际政治旧秩序和国际经济旧秩序。国际政治旧秩序的具体表现是：在国际关系中以大欺小、以强凌弱、以富压贫，大国、强国依仗优势的经济军事实力，推行"炮舰政策"，无视国际法和国际关系基本准则，干涉别国内政，践踏他国主权，追求控制、支配其他国家的权力。这实质是维护超级大国的霸权地位。国际经济旧秩序的具体表现是：国际生产体系中的不合理的国际分工；国际贸易体系中的不等价交换；国际金融体系中的不平等地位；以及技术转让中的控制与被控制的关系等。这实质是维护垄断资本的国际剥削。

国际新秩序基本内容构建所体现的也是中国的"和"文化精神，各国政治上应相互尊重，共同协商，而不应把自己的意志强加于人；经济上应相互促进，共同发展，而不应造成贫富悬殊；文化上应相互借鉴，共同繁荣，而不应排斥其他民族的文化；安全上应相互信任，共同维护，树立互信、互利、平等和协作的新安全观，通过对话和合作解决争端，而不应诉诸武力或以武力相威胁。在环保上，相互帮助，协力推进，共同呵护人类赖以生存的家园。

四、"和生态"之可持续发展的促进

"和生态"是指实现人与自然的和谐相处，这是实现全人类可持续发展的关键。

人与自然的关系主要表现在两个方面：一是人类对自然的影响与作用，包括从自然界索取资源与空间，享受生态系统提供的服务功能，向自然界排放废弃物；二是自然对人类的影响与反作用，包括资源环境对人类生存发展的制约，自然灾害、环境污染与生态退化对人类的负面影响。

人类发展史很大程度上是一部人类改造自然的历史，马克思曾指出："环境是由人来改变的"，"环境的改变和人的活动或自我改变的一致，只能被看作是并合理地理解为革命的实践。"在这里马克思强调了人改变环境和环境改变人的方向是一致的。

世界各国在发展中不断以牺牲自然为代价，进而导致了人类文明与自然生态的危机，表现为两个方面：

一方面是，人类在改造自然的过程中与自然关系的一致性发生了对立和异化，进而导致了人与人之间的对立和异化，以及社会的不和谐。因为人们为了占有由人与自然关系生化出来的财富，造成了人与人的剥削与压迫，使人类丧失安身立命的精神家园，这就是人类面临的精神意义失落的危机。

另一方面是，在人类中心主义的思想支配下，结果是人类对自然界资源进行了近乎竭泽而渔式的掠夺性、粗放性的开发和超负荷的索取，大大超过了自然界的再生增殖能力，人类排入自然界的废物大大超过了环境的承受限度，由此导致了全球性的生态危机。

随着双重危机的日益激化，人类开始意识到与自然和谐发展的重要性。人与自然关系发展的总趋势正从冲突走向和谐，环境保护得到社会越来越多的重视。世界各国都在通过国际组织等平台来促进人与自然的和谐相处，为维护人类的可持续发展不懈努力。

对此我们应报以谨慎乐观的态度，相信人类自身的智慧。在未来的社会里，人类应该主动地、自觉地、积极地保护自然，维护自然生态的平衡。因为人也是大自然的一部分，终究不是"人定胜天"的。人类可以充分认识自然、合理利用自然，努力按照自然规律改造自然，但永远不能征服自然。所以，我们应该选择与自然生态和谐相处，共同发展，这才是人与自然应有的状态。

五、"和世界"之全球一体化的促进

"和世界"是指通过各国共同努力，来推动建立持久和平、共同繁荣的和谐世界。

中国文化或者东方文明的精髓之一，就是重视和提倡"和"的理念。"和谐世界"理念是中国在和平与发展成为时代主题的国际环境下提出的开拓性的外交理念，无论对于当代中国发展，还是对国际社会的稳定都有着重大的现实意义。

第一，和谐世界理念根源于独立自主以及和平共处五项原则。从和平共处到和谐共存，体现了中国外交理念既与时俱进，又一脉相承。

第二，和谐世界理念是迄今中国提出的外交战略思想的重要延伸。它根植于中国五千年的文化传统的思想土壤，是与时俱进的马克思主义品格成就的外交理念，为中国积极探索新形势下的国际关系理论开辟道路。

第三，和谐世界理念传承了中国优秀文化传统的深厚底蕴，使"和"文化思想具有了现代化的发展意义。

第四，和谐世界理念初步勾画了有中国特色的新世界观体系，中国国内"和谐社会"建设成为在国际关系中拓展"和谐世界"的母体。

第五，和谐世界理念全面启动了中国建设软实力的进程，反映了中国"和平崛起"的影响力、感召力在不断扩展。

就推动"和谐世界"理念全面成为现实的努力而言，需要各国的配合与合作，转变发展观念，实现共同发展。

首先，实现和谐世界的前提是各个国家尤其是各个大国都能坚持和平发展，既通过维护世界和平发展自己，又通过自身发展来促进世界和平。中国是维护世界和平的重要力量，几十年来的丰富实践已经证明了中国的发展是和平的发展。

其次，构建和谐世界要求各国始终不渝奉行互利共赢的开放战略。这是实现和谐世界的必然途径，也是和谐世界所呈现出来的一个必然形态。

最后，推动建立和谐世界可以从周边地区做起。在周边构建一个和谐地区，首先要追求一个"和"，就是这个地区的国家共同来维护和平、促进发展。与此同时，还要尊重本地区各国的"不同"，形成"和而不同"，最终构成一幅在尊重多样性前提下，各国共同致力于地区和平与繁荣的和谐图景。

和谐世界是人类社会的美好理念。实现这个理念，将是一个漫长而曲折的历史进程。中华民族历来是热爱和平的民族，中国的和平发展与致力于构建和谐世界的努力，是中国"和"文化精神的重要体现，这个理念是中国、也应当成为世界各国奋斗的理想和追求的目标，指导实现世界的和平与发展以及世界人民的幸福安定。

第六章　"和"为世界治理之法

和平与发展是当今世界的主题，然而，当今世界仍然存在无序状态。要维护世界和平，实现共同的可持续发展，一方面要积极发挥联合国等国际组织的作用，另一方面也需要各国树立和平观念，以"和"为手段和目的，来推动国际关系的和平与发展。

通过研究，关于"世界之和"，笔者提出了"三个不损害"和"三个有利于"的"和"方法论，希望为世界、国家、组织、家庭、个人提供创建和谐生态的理论工具！

"三个不损害"即：不损害世界和平，不损害世界人民利益，不损害世界生态环境。

"三个有利于"即：有利于世界和平，有利于世界人民利益，有利于世界生态环境。

只要学会运用这个工具，就拥有了与人、与家、与国的"和"，就达到了与人、与家、与国的"共生"，也就因此获得了成功和幸福。

第一节 坚持不损害世界"和"之法

一、不损害世界和平

不损害世界和平，是指在"和"文化精神的指导下，世界各国要做到"求同"而不"排异"。这要求各国做到：不逆历史潮流而动，不违背世界发展的趋势，摒除损害世界和平的观念，杜绝和制止损害世界的行为，改变损害世界和平的制度，消除损害世界和平的不利因素，不谋求世界霸权，不以意识形态划亲疏，不侵犯他国主权和领土完整，不以任何理由干涉他国内政，无论任何形式下都不以军事手段或以武力相威胁解决所存在的矛盾冲突，不以大欺小、以强凌弱，不以维护和谋求本国利益为由而损害他国利益，不以自身为标准衡量和改造他国发展道路。

二、不损害世界人民利益

不损害世界人民利益，是指各国要做到求同存异，树立平等的发展理念，不损害共存的多元文明，不违背各国人民的发展意愿，不敌视各民族的民族信仰，不干预别国的发展道路，不破坏共同赖以生存和发展的人类文明，并致力于消除任何不利于世界人民生存和发展的不安全因素。

三、不损害全球生态环境

随着科技的飞速发展，不仅使人类改造自然的能力飞速进步，更使得人类改造自然的欲望迅速膨胀，生态危机全球蔓延，危及地球和地球上所有的生命，其毁灭性比战争更危险，已经成了制约人类发展的主要因素之一。人类要获得持久的发展，必须制止以牺牲环境为代价的经济中心主义发展，必须杜绝自以为是的肆意干预生态平衡的行为，必须改变对自然界盲目的竭泽而渔式的掠夺，必须收敛毫无节制地对自然的索取和破坏。

第二节　坚持有利于世界"和"之法

一、有利于世界和平

有利于世界和平的处世观，即说有利于世界和平的话，做有利于世界和平的事。努力建设世界道德体系标准，把利于世界和平列入世界道德范畴，向世界推广，形成世界人类的道德观，以约束世界各国行为标准。把有利于世界和平作为判断一个国家的道德和文明标准，培育真正让世界人民尊重的"大国""强国"。

从古到今，虽然武装斗争推动了人类文明与进步，但同时使人类承受着巨大的损失和痛苦，不论国与国之间的争斗，或国内的争斗，都是对人类的一种摧残。我们从二战以来的历史中，不难看出战争的残酷性，每次战役毁掉了无数家庭的幸福，牺牲无数的生命。

因此，倡导国际道德建设是"和"思想的真谛之一，对损坏他国利益的不道德行为，不仅给予舆论压力，还要给予相应的世界道德法则的制裁，真正把损坏他国利益当作一种耻辱，将其犯罪感渗透到人格和心里深处，使其罪恶行为被世界人民唾弃，才能有效制约战争行为，减少矛盾冲突，减少人类损失，推动人类社会文明进步。

二、有利于世界人民利益

这主要表现在两大方面：一方面，指和平。主要包括：维护和构建世界各国人民赖以生存的和平的世界环境，积极维护联合国的权威和作用，配合联合国的行动；推动世界多极化进程，积极发挥负责任的大国作用，维护各中小国家尤其欠发达国家的国家利益和民族尊严。另一方面，指发展。主要包括：树立共同发展的理念，努力建立公平合理的国际秩序；完善国际治理的规则和机制，积极推动多边外交，促进南北合作，帮助广大发展中国家发展经济并帮助其提升综合发展能力，为其发展提供"搭便车"的机会。

中国的"一带一路"倡议，是有利于世界和平与发展，促进世界人民利益的伟大创举。其战略目标是要建立一个政治互信、经济融合、文化包容的利益共同体、命运共同体和责任共同体，是构建一个包括欧亚大陆在内的世界各国互惠互利的利益、命运和责任共同体。

"一带一路"对世界人民利益的促进主要表现在：

促进世界均衡发展。打造"一带一路"有助于促进不发达地区的经济增长，改变全球经济政治的空间布局，为世界范围内的均衡发展作出新的贡献，推动建立持久和平、普遍安全、共同繁荣的和谐世界。

探寻经济增长之道。通过"一带一路"建设共同分享中国改革发展红利、中国发展的经验和教训。中国将着力推动沿线国家间实现合作与对话，建立更加平等均衡的新型全球发展伙伴关系，夯实世界经济长期稳定发展的基础。

开创地区新型合作。中国改革开放是当今世界最大的创新，"一带一路"作为全方位对外开放战略，正在以经济走廊理论、经济带理论、21世纪的国际合作理论等，形成创新经济发展理论、区域合作理论、全球化理论。"一带一路"强调共商、共建、共享原则，超越了传统意义的对外援助模式，给21世纪的国际合作带来新的发展理念。

推动国际文化交流。"一带一路"是当今世界最引人注目的时代乐章。有人把它形象比喻为"中国领唱"，但不是中国一家的"独奏曲"，而是各国共同参与的"交响乐"。各国的政策沟通、设施联通、贸易畅通、资金融通，都不能缺少民心相通，习近平主席提出："共建'一带一路'，必须本着'亲诚惠容'的精神，坚持文化先行。""一带一路"幅员广阔，国际关系复杂，民族宗教各异，历史文化存在很多差异。只有讲好历史、讲好传统、讲好友谊、尊重差异、相互理解、相互包容、求同存异，才能心灵通、感情深，才能拉近距离、开展合作、建立友情。而讲历史、讲传统、讲友谊、讲尊重、求同化异，都需要依靠文化。只有文化架桥，有利于求同存异，有利于巩固国际关系，有利于诠释"一带一路"精神，这正是中国传统"和"文化的具体而生动的体现。

三、有利于世界生态环境

人类活动的各个领域和人类生活的各个方面都与生态环境密不可分，因此我们要从多层次多角度方面来构建人与自然的和谐发展，建设和保护有利于人类文明可持续发展的生态环境，这需要我们从多层次、多角度、多方面来构建：

1. 树立科学的"生态关系之和"

一方面是人与自然的"共处之和"。无论哲学、科学、宗教的观点，都认为人与自然的关系，是"不凌驾""不超越""不脱离"，是一种真正的亲和、协调、平等、和谐的统一，这就是把人类的利益和自然的利益统一起来的科学自然观。

另一方面是人与自然的"共生之和"。确立可持续发展观念，把对自然的合理开发和积极保护统一起来。既要满足当代人的需要，又不对后代人需要构成危害；既不能离开对自然的开发、利用，单纯强调对自然的保护，使保护变成被动的适应；也不能离开对自然的保护来单纯强调对自然的开发。全面、长远地为人类创造良好的生存条件和生活质量，这就是把人类的利益和自然的利益统一起来的社会发展观。

2. 构建美好的"生态人文之和"

生态人文精神就是从人统治自然的文化过渡到人与自然和谐的文化。这是人对生态价值观念的根本转变，这种转变解决了人类中心主义价值取向"道法自然"价值取向的过渡。

一方面树立"生态情感之和"意识，使人民在社会生活中形成关于环境的自觉而清醒的感悟和认识。抛开"通知式"的主观意识，从和谐处理人与环境的关系方面思考问题并采取相应的行动。

另一方面开展"生态行为之和"教育，以人类与环境的关系为核心，以解决环境问题和实现可持续发展为目的，提高人们特别是青少年有效参与环境保护和治理的能力，普及环境保护知识与技能，培养环境保护人才，展开具有积极意义的社会实践活动。

3. 培育健康的"绿色希望之和"

人与自然和谐相处的基本表象特征是"青山绿水"，"绿色之和"印在我们的脑海里，哪里有绿色，哪里就有兴旺，哪里就有繁荣，绿色成了希望、欢乐、幸福的象征。

世界各国都应构筑"绿色希望之和"的天然幸福屏障，加强绿色文明宣传教育，倡导绿色的生产生活方式；加强绿色生态产业的推广和管理，倡导绿色消费；推进绿色城镇建设，发展绿色交通；创建绿色学校、绿色社区；增强公众环境意识，让绿色生态文明之风充满我们的视野，让世界因"绿色希望之和"更美丽！

国家篇

安定，民之所愿……

中国历史上发生过很多大规模战乱。例如，春秋战国混乱持续了 500 多年，诸侯争霸，互相攻伐，给人民带来了灾难和痛苦。

"安史之乱"历时七年零二个月，是唐朝由盛转衰的转折点，据记载唐朝人口峰值在唐玄宗天宝十三载为 6300 多万，而在唐代宗广德二年，即平定"安史之乱"后一年，全国人口只有 1690 多万，整整少了 4600 余万，几乎占整个国家人口的 3/4。

明朝战乱之中，死亡人数高达 2500 万人。清朝太平天国起义、川楚教乱等，伤亡人数平均一两千万以上。

世界很多国家曾经或还在发生内战，例如，叙利亚、利比亚、也门、埃塞俄比亚、索马里、阿富汗、黎巴嫩、伊拉克、苏丹、巴勒斯坦等。

美国内战持续 4 年期间，双方战费消耗 150 亿美元，联邦军伤亡 63 万人，南军伤亡 48 万人。

刚果内战期间，据统计每个月有 45000 人在战争中死亡。

塞拉利昂 1991 到 2001 年的 10 年间，有 50000 人死于内战，幸存下来的人生活变得更加穷困。至少有 50 万人逃到了他们的邻国几内亚和利比亚。

内乱对国家建设、民族统一带来消极影响和长久伤害，严重分化国内民众的凝聚力，影响国内民众的生活质量，制约本国的经济发展甚至因而倒退。

爱国者说：

山河破碎风飘絮，身世浮沉雨打萍。——文天祥

夜中四五叹，常为大国忧。——李白

先天下之忧而忧，后天下之乐而乐。——范仲淹

我怀着比对我自己的生命更大的尊敬、神圣和严肃，去爱国家的利益。——莎士比亚

国即家，家即国，无国哪有家，无家哪有我！国家统一，是千家万户得以安定的保障！我们不要分裂和动乱，我们要民族的生生不息，国家的欣欣向荣，人民的幸福安康！

和谐，民之所盼……

种族问题始终是困扰美国的重大社会政治问题。至今超过60%的黑人居住在城市中的贫困社区，黑人家庭收入平均仅为白人家庭的59%左右，由于种族的不平等导致黑人、拉美裔等少数族群无论是失业率、犯罪率、离婚率、堕胎率都明显高于白人。

南斯拉夫联邦由于地方主义和民族矛盾引发的对峙冲突，导致联邦分裂解体为6个共和国加两个自治省的8个"权力中心"、8个"封闭性的市场"和8个"独立的实体"。前南斯拉夫地区为此付出沉重的代价。

缅甸对少数民族政治权利、资源分配的不公正问题，造成隔阂、猜忌、纷争，使缅甸的经济长期处于落后状态，很多项目因民族矛盾问题而被搁

置，难民问题、毒品问题，成为制约缅甸发展的负面因素。

苏联解体导致"高尚""团结""真诚"等原有社会主流价值坠落，2002—2008 年这 6 年间，在世界 180 多个国家和地区中，俄罗斯的腐败指数排名从第 71 位跌至第 147 位，每年因此造成的经济损失高达 2500 亿—3000 亿美元。

近些年来，我国也出现了理想信念不坚定、社会诚信缺失、家庭矛盾不断、邻里关系冷漠、亚健康等社会问题。面对这些问题，坚持"和"的理念更显重要。

建国者说：

> 人人相亲，人人平等，天下为公，是谓大同。——康有为
> 在政府事务中，公正不仅是一种美德，而且是一种力量。——拿破仑
> 为了国家的利益，使自己的一生变为有用的一生，纵然只能效绵薄之力，我也会热血沸腾。——果戈理
> 老吾老以及人之老，幼吾幼以及人之幼。——孟子

国家，是国民之国家。国家繁荣，依靠全体国民之和谐力量！阶级压迫，不可有；民族歧视，不可有；政党腐败，不可有；社会不公，不可有；生活贫穷，不可有！治国莫先于公，平出于公，公出于道，道出于和！

富强，民之所系……

世界银行在第 60 届首脑峰会期间公布了一份长达 190 页的报告，提出根据国内生产总值、产出资本、自然资源、人的技术和能力等条件综合而得到的新标准，并根据这个新标准对世界各国财富情况进行"排队"，特别标出十大最富有国家和十大最贫穷国家。具体如下：

瑞士在富有国家中以人均财富 64.8241 万美元傲居榜首，第 2 位、第 3 位被丹麦（57.5138 万美元）、瑞典（51.3424 万美元）这两个北欧国家包办。美国（51.2612 万美元）、德国（49.6447 万美元）分别排在第 4 位和第 5 位。

非洲撒哈拉沙漠南部的国家几乎囊括十大最贫穷国家，分别是津巴布韦、刚果民主共和国、利比里亚、布隆迪、索马里、尼日尔、厄立特里亚、塞拉利昂、中非共和国和阿富汗。

津巴布韦因极度的通货膨胀沦为世界最穷的国家。

刚果、利比里亚、布隆迪等国家因战争和大量的人口死亡使国家的经济一蹶不起，成千上万的人民死于严重的经济危机。

利比里亚人大约 90% 每天的收入不到 1.25 美元，失业率高达 85%。

布隆迪作为世界最穷的国家之一，大约 80% 的布隆迪人过着贫穷的生活，艾滋病在蔓延，据世界粮食计划署称 57% 的 5 岁以下的布隆迪儿童长期营养不良，据一项研究表明在 178 个国家的调查中布隆迪人的生活幸福感最低。

塞拉利昂的婴儿死亡率居世界之首。

阿富汗人超过 70% 每天的消费不超过 2 美元。

中国是一个发展中国家，现有绝对贫困人口大多分布在山区、自然条件恶劣的地区和其他承载力有限的西部地区。《中国扶贫开发报告 2016》指出：

中国农村贫困人口 37 年（1978—2015）减少 7.1 亿，减幅 92.8%，农村贫困发生率从 97.5% 下降到 5.7%，降幅 91.8%；1981 年到 2012 年，中国减少的贫困人口占到全球减少贫困人口的 71.82%，到 2020 年稳定实现贫困县全部摘帽，减贫力度居全球前列，中国减贫工作的卓越成就推动了全球贫困人口的下降。世行称，中国在减少极端贫困人口方面是世界上其他国家的榜样。

治国者说：

欲安时兴化，不先富而教之，其道无由。——房玄龄

以吾人数十年必死之生命，立国家亿万年不死之根基，其价值之重可知。——孙中山

为世界进文明，为人类造幸福，以青春之我，创造青春之家庭，青春之国家，青春之民族，青春之人类，青春之地球，青春之宇宙，资以乐其无涯之生。——李大钊

以空前未有的热情，焕发青春的创新功能，激发人人独特的创新精神，使民族的、国家的创新智慧来一个总发动！使个体的、群体的创新潜能来一个大爆发！——金马

国富民强，为治国之要，民生之本。《荀子富国》有云：下贫则上贫，下富则上富。富强，民主，文明，和谐，自由，平等，公正，法治，国为民强！爱国，敬业，诚信，友善，民为国富！

我们的理想：文明大道，和同天下，国泰民安

大道之行也，天下为公。选贤与能，讲信修睦。故人不独亲其亲，不独子其子。使老有所终，壮有所用，幼有所长。鳏寡孤独废疾者，皆有所养。男有分，女有归。货恶其弃于地也，不必藏于己。力恶其不出于身也，不必为己。是故谋闭而不兴，盗窃乱贼而不作。故外户而不闭。是谓大同。

《礼记·大同篇》是孔子描述的大同世界，何尝不是我们想要的文明国家！

这里，一切太平！没有战火硝烟！没有烧杀掠夺！没有生灵涂炭！没有家破人亡！没有骨肉分离！没有断臂残肢！没有流离失所！更没有流血、死亡、恐惧、饥饿、灾荒！

这里，一切洁净！到处是蓝天、白云、绿树、鲜花！春有百花秋有月！夏有凉风冬有雪！没有乱砍滥伐！没有肆意捕杀！没有沙尘！没有雾霾！没有荒的林、秃的山、干的河！

这里，一切祥和！人人爱彼如己、舍己为人！老有乐，安享晚年！幼有志，勤学报国！壮有责，忠于职守！贤能者得其位谋其政、奉献国家！鳏寡孤独废疾者，皆有所养，精神愉悦！

这里，一切幸福！人人以诚相待！不奢、不贪、不自私！不欺、不盗、不妄语！没有损公肥私！没有贪污腐败！没有钩心斗角！人人平等自由，信守道义！丰衣足食，安居乐业！

这里，天下大同！国与国"和"，没有内忧，没有外患！国与民"和"，男女老幼，工农学商，人人奉公守法，事事讲信守礼！民与民"和"，路不拾遗，夜不闭户！民风淳朴，国运盛昌，丰衣足食，治国之道！此乃人之乐、民之愿也！"和"，你我之期盼于胸！世人之使命在肩！

结论一："和"为定国之则。国家和谐，社会安定，保障人民的生命安全与生存需求，这是国家管理的第一要务。

结论二："和"为强国之根。增进国家和谐，减少各类矛盾，促进国家发展，满足人民的生活幸福和精神富足需求。这是国家管理的第二要务。

结论三："和"为治国之法。坚持"三个不损害"，做好"三个有利于"，这是国家治理的根本之法。

第七章 "和"为国家治理之道

"和"为国家治理之道，既是目标，也是方法。天时不如地利，地利不如人和。和若不解，矛盾重重，国运全无，天下难平。

以"和"鸣治国之道，以"和"开国运之道，以"和"兴国策之道，则可社会稳定，天下太平，民众和谐，繁荣富强，长治久安。故，大"和"大成，小"和"小成，无"和"不成。

"和"之道，人以修身，天子庶民皆以修身齐家治国平天下；政以制约，家事国事天下事皆以制约法德并举成方圆。

第一节 "和"为立国之本

"和"为立国之本，以"和"立国，国，安宁昌盛；民，安居乐业！

一个国家要生存、要发展、要立于不败之地，必须要重视"和"的国家管理理念，注重内"和"、外"和"，这是根本之策；如果"不和"，就会离心离德，就会引发矛盾，国之生存就失去了基础。

纵观今日世界，随着人类社会的发展和文明不断进步，国家的阶级性特征在削弱，公益性特征在加强。换言之，国家不是某一个人或者某一部分人的生存空间，国家管理也不以满足小部分群体利益和欲望为主导，国家的存在由为统治阶级服务更多转变到为人民大众服务。

国家管理的根本目的，在于实现社会和谐、人民幸福、民族强盛！

国家管理对内要满足最广大的民众之需要，实现国家内部关系之"和"；对外要满足最广泛的国际交流发展之需要，实现外部关系之"和"。即：通过内外两个"和"管理，使国家内部：经济建设有序，资源配置合理，各类关系和谐，社会矛盾减弱，环境保护有效，人民生活幸福；使国家外部：国际关系友善，互惠互利增强，矛盾冲突减少。以"和"为立国之本，就找到了国家治理的源头，找到了国家治理的重要方法。

很多国家的历史证明，凡是出现制度变迁、国运衰败乃至政权颠覆，无有一例不是由于内外关系紧张、统治失"和"导致内忧外患而造成的。可见，稳定是发展的前提，和谐是稳定的前提，只有以"和"作为立国之本，才能使国家建立良好的内外部关系，才能协调好各种矛盾，才能保障国家的长治久安。

众所周知，中国始终坚持"四项基本原则"，其中就体现出中国之"和"、民族之"和"、人民之"和"的思想。一是坚持社会主义道路，中国离开社会主义道路，就失去了先进理论的指导，就是与国家和人民的根本利益失"和"；二是坚持人民民主专政，离开工人、农民、知识分子和其他劳动者来共同享受建设中国、共同分享建设成果、共同议政的广泛的民主，就没有社会主义统一国家和现代化，中国决不允许割据纷争，否则就是与国家和人民的"不和"；三是坚持中国共产党的领导，没有中国共产党的坚强领导，就没有社会主义新中国的安定和繁荣，中国决不允许再遭欺凌，否则就是与国家和人民的"不和";四是坚持马克思列宁主义毛泽东思想,这是为黑暗中国指引光明的火炬,中国决不允许贫穷落后,否则就是与国家和人民的"不和"。而如果与国家和人民"不和",就会导致历史倒退,就是离心离德,后果不堪设想。因此,将"四项基本原则"作为立国之本,显示出我们的执政党追求中华之"和"、天下大同的风范,此乃国之幸、民之幸也!

"和"是国家存在发展的保障,是国家治理所必须坚持的准则。

第二节 "和"为定国之则

"和"为定国之则,以"和"定国,通过排除隔阂、矛盾、战争、动乱等不和谐因素,为国家安定团结创造有利条件。

国家安定是人心所向,政党、民族、阶层之间的"和"与"不和",是关系国家安定的重要因素。

世界上存在诸多"不和"现象,有阶级的"不和"、民族的"不和"、利益的"不和"、宗教的"不和"等等,小"不和"上升到大"不和",局部"不和"蔓延到全局"不和",观念的"不和"发展到关系的"不和",言语的"不和"过渡到行为的"不和",讲事实摆道理解决不了问题,就使用武力,甚至发动战争,现代科技发展使得战争机器破坏力惊人,如果不正确对待,会给国家安定带来深重灾难。

中国历史上下五千年,各朝存续时间长短不一,最长周朝(公元前1046—前256年)810年,短的仅有两三年。历史中不难发现,是否注重各种关系的"和"与"不和",对能否够获得长治久安影响很大。我们看看周朝为何存续那么久,就不难获得答案了!

据史料记载：周文王对他的父亲王季每天有早上、中午、晚上三次问候，这就叫"晨昏定省"。这三次去看父亲，一来看看父亲的气色，再来看看父亲吃饭的情况。假如父亲进食得良好，他就非常欣慰；假如父亲吃得很少，他就很担忧。由于有这样的身教，所以他的儿子周武王也品德高尚，周武王对周文王也非常孝顺。有一次周文王生病，周武王服侍在侧，十二天没有宽衣解带，帽子也没有拿下来。由于这样的精心护理，他父亲的病就很快好起来了。周王朝的孝道是一代代传下来的，而且成为百姓的榜样，"家和万事兴""百善孝为先"的宫廷之风带动了全国人民效法孝悌、礼让的民间之风。

在周王朝的巩固安定中，礼、乐、和等治国文化思想也起到了重要作用，中国最早的经典如《周易》《尚书》《诗经》《周礼》《乐经》《春秋》都产生于这个时期。另外有两位产生重要影响的人物，一个是姜尚，一个是周公旦。姜尚在《六韬》中提出"天下非一人之天下，乃天下之天下也。同天下之利者，则得天下；擅天下之利者，则失天下。天有时，地有财，能与人共之者，仁也。仁之所在，天下归之。免人之死，解人之难，救人之患，济人之急者，德也。德之所在，天下归之。与人同忧、同乐、同好、同恶者，义也；义之所在，天下赴之。凡人恶死而乐生，好德而归利，能生利者，道也。道之所在，天下归之"。这就是蕴含了后世"天下为公"的道德思想。另一位，周文王的第四个儿子周公旦的兴礼制乐，以"礼"来区别宗法远近等级秩序，同时又以"乐"来和同共融"礼"的等级秩序，两者相辅相成，为引导国风和民风起到推动作用，也是周朝国祚绵长的重要原因。

中国历史上除周王朝外，贞观之治、康乾盛世无不是通过思想文化的繁荣，形成众志成城以"和"为荣的国风、民风，继而推动经济的进步。

历史的经验告诉我们，国家发展需要安定的环境，安定需要团结，团结需要"和"。"和"则人心齐，能够把一切专注发展的心思和力量最大化集中发挥出来，利于国家政治、经济、文化、军事、外交等文明发展；"不和"则人心散，陷入是非、矛盾、惶恐，甚至不顾道德底线，乱用武力，发动战争，破坏国家发展和人民幸福。

现在的中国，同样十分重视"和"，和谐社会、和谐中国要求对外维护世界和平，团结发展中国家，反对霸权主义，争取对话解决政治分歧；对内建设和谐社会，推进社会主义民主进程，深入进行党风廉政建设，以民主集中制原则治国理政。"和谐"的思想充分反映了将国家安定、人民团结作为执政目标，以"和"获得政治、经济、科技、文化、教育等领域繁荣发展的国家治理思想。

第三节 "和"为强国之根

"和"为强国之根，国家要强盛，必须坚持以"和"为根本！国若无与民之"和"，则国无发展之力，民无发展之意。无"人和"之根，则无"国强"之果。

《荀子·议兵》中写道："礼者治辨之极也，强国之本也。"南朝齐王融《永明十一年策秀才文》之四曰："大贤强国，阁图惟旧。"这之中的"礼""贤"就是"和"的意义所在。

一、国家的强盛在于集本国民众力量之"和"

国家发展是一个调动民众力量共同发展的过程，包括各民族、各阶层、各党派。"天上的空气，地上的森林，地下的宝藏，都是建设社会主义所需要的物质因素，而一切物质因素只有通过人的因素，才能加以开发利用。"

毛泽东同志讲:"什么力量最强? 民众联合的力量最强。""人民,只有人民,才是创造世界历史的动力。""世间一切事物中,人是第一个可宝贵的。在共产党领导下,只要有了人,什么人间奇迹都可以造出来。一个人口众多、物产丰盛、生活优裕、文化昌盛的新中国,不要很久就可以到来。"人民万岁!

　　新中国成立时,经济形势十分严峻和困难,由于长期战乱,国民经济遭到严重破坏,陷于山穷水尽、难以为继的局面。1949年,工业水平比历史最高水平下降50%,农业水平比历史最高水平下降25%,工厂关闭,农田荒芜,关内铁路没有一条通车,城乡贸易停顿,市场物质奇缺,国家入不敷出,人民叫苦不迭。1950年抗美援朝战争爆发,1959年三年困难时期开始,在一穷二白的国土上,毛泽东同志带领共产党人发动人民群众大搞建设,发展农业,发展工业,发展航天,发展国防,改变了中国薄弱的经济、军事、民生基础。到1975年,中国的工业占国家经济的72%,在毛泽东同志领导下中国的工业总产值增长了三十倍。同时建立起规模庞大的航空、航天、原子能及门类齐全的军工体系,并在这些领域取得了奠定中国大国地位的巨大成就。至毛泽东逝世时,我国已由一个农业国发展成为从喷气式飞机、运载火箭、核潜艇到工业成套设备和所有农业机械无所不能造的工业大国。

参考【中华上下五千年】

新中国从无到有、从贫穷落后到进步发展,就是在中国共产党领导下,依靠全民大团结的"和",获得了兴国强国之辉煌!

二、国家的强盛在于集国际交流力量之"和"

纵观人类历史，没有一个国家或民族能够脱离外界而孤立地存在，它必定要在与其他国家的不断交流中生存和发展。当不同民族精神之洪流奔涌到一起的时候，它们必将相互碰撞、不断汇合。张骞、班超出使西域，玄奘西行取经，郑和下西洋，马可·波罗漫游东方等脍炙人口的故事，都体现了世界国家交流和发展产生的巨大影响。

中国汉唐时期的经济和文明发展，与对外交流密不可分。典型代表就是丝绸之路，这条路线由张骞、班超开拓，被各国使者、商人、传教士作为"国道"踩了出来，从此，沿线各国共同促进经贸发展，来往络绎不绝。这条东西通路，将中原、西域与阿拉伯、波斯湾紧密联系在一起，广义上丝路的东段已经到达了朝鲜、日本，西段至法国，通过海路还可达意大利、埃及，成为亚洲和欧洲、非洲各国经济文化交流的友谊之路。丝绸之路开辟了中外商贸、文化、宗教交流的新纪元，有人比喻它成功将东西方之间最后的珠帘掀开。

18世纪中国清政府实行闭关锁国，不与外界接触，严格限制对外经济、文化、科学等方面的交流，这一政策推行了二百多年。当时西方国家正在进行资产革命和工业革命，跨入生产力迅速发展的新时代。清政府闭关锁国，与世隔绝，既看不到世界形势的变化，也未能适时地向西方学习先进的科学知识和生产技术，使中国的发展在世界上逐渐落伍了。

明朝以前，中国是当时世界上经济、科学最发达的国家，但是到1840年鸦片战争爆发时为止，中国人均粮食仅有200公斤左右，美国已接近1000公斤。中国年产铁约2万吨，不及法国的十分之一，不及英国的四十分之一。中国的造船和航海业长期以来一直领先于世界，在清代也迅速衰落下去，往日出现于东南亚海面的中国船队，随之销声匿迹，为西方国家的船队所取代。中国的科学技术，在明朝中后期与西方相比仍互有长短，但到 1840 年已全面落后于西方了。

参考【中国通史】

实践证明，与世界接轨，和谐发展，利用内部与外部两个推动力量，才能实现一个国家政治、经济、科技、军事的强大。例如，美国居于世界最高水平的科技实力，与集聚全世界顶尖科技人才分不开，美国不仅高等教育处于世界领先水平，世界前 100 所名校占据半壁江山，培养了很多各行各业的顶尖人才，而且吸引全球人才，许多人才都愿意留在美国发展，更加促进了美国科技发展。

中国也在不断汲取历史经验教训中获得发展，改革开放政策作为强国之路，它促进了中国与世界各国在经济、文化、外交等方面交流，现在中国已成为世界第二大经济体、世界第一贸易大国、世界第一大外汇储备国、世界第一大钢铁生产国和世界第一大农业国。中国经济连续 30 多年的高速增长，对世界经济产生了积极影响，为全球经济带来了无限商机和活力，让其他国家也分享到了经济发展的成果。

第四节　"和"为治国之道

"和"为治国之道，是指治国坚持以"和"为贵的方针。治国之道在于"和"，"和"为大道，大道守之，国定，国强。

治国如治家，做一个好家长，首先要爱惜家人，希望家人生活幸福，身体健康，工作顺利，学习进步。爱家人才会承担责任，为了家人无私奉献自己的汗水，通过自己的努力让家人生活有依靠，事业有动力。家人之间和谐相处的精神代代传承，就形成家风、家规、家教，家族因而走向昌盛。

家庭如此，国家亦如此，治理国家和管理家庭的道理是一样的。爱惜国民，为国民繁荣进步承担责任并作出贡献，形成一个国家世代传承的国风、民风，这就是治国之道。

一、执政为民，以"和"鸣道

"为谁执政"的问题，是关系到"政之所存"的立场问题。孟子曰："民为贵，社稷次之，君为轻"。意思是说，人民放在第一位，国家其次，君在最后。这是因为，有了人民，才需要建立国家；有了国家，才需要"君"。"民为贵"是说人民的地位与权力，是至高无上、不可动摇的。一切政治权力与政治制度，从根本来说，都是来自人民、治于人民、为了人民。《尚书》也说："民惟邦本，本固君宁。"老百姓才是国家的根本，根本稳固了，国家也就安宁。治国之道，民为贵！以"和"执政，国家昌盛，中国历史上最著名的"贞观之治"便是最好的引证。

唐太宗在位期间继承唐高祖李渊制定的尊祖崇道国策，运用道家思想治国平天下，获得了前所未有的太平盛世。唐太宗提出的"民，水也；君，舟也。水能载舟，亦能覆舟"就是典型的贵民思想，体现在用人方面，他任人廉能，知人善用，广开言路，尊重生命，自我克制，虚心纳谏；在发展方面，他采取了以农为本，厉行节约，轻徭薄赋，让百姓休养生息，安定生产，衣食有余，安居乐业。在教育方面，他推行文教复兴，完善科举制度等政策，使大批治世人才涌现。在治理方面，他大力平定外患，政治上加强对西域等地区的管辖，外交上加强与亚洲各国的友好往来，军事上积极平定四夷，民族关系上对待少数民族"爱之如一"，使隋末动荡局面得以稳定下来。在民生方面，唐太宗吸取隋朝灭亡的教训，认识到人民群众力量的伟大，非常重视老百姓的生活。在文化方面，中国的唐朝成了诗的海洋，文人才子以诗咏志，歌颂繁荣国家和美好生活，至今影响着中国人的情感世界，堪称世界文化之瑰宝。在民风方面，贞观王朝的社会秩序好得令人难以置信，全国判处死刑的囚犯只有二十九人。六三二年，死刑犯增至二百九十人。这一年的岁末，李世民准许他们回家办理后事，第二年秋天再回来就死（古时秋天行刑）。次年九月，二百九十个囚犯全部回还，无一逃亡。那时的中国政治修明，官吏各司其职，人民安居乐业，不公平的现象少之又少，国人心中没有多少怨气。丰衣足食的人不会为生存铤而走险，心气平和的人也不易走极端，因此犯罪的概率也就少之又少。"贞观之治"期间，出现了"海内升平，路不拾遗，外户不闭，商旅野宿"的社会风气。北宋司马光称赞道："太宗文武之才，高出前古。盖三代以还，中国之盛未之有也。"贞观之治为后来的开元盛世奠定了厚实的基础，也为后代治世者创造了典范。

参考【中国通史】

二、为政以德，以"和"开道

"如何执政"的问题，是关系到"政之所立"的原则问题。"为政以德"与孔子的"仁说"和"礼说"相联系，其实质内涵是"和为贵"的思想，即将道德作为法律的基础，法律作为道德的底线，"德治""礼治""法治"配合对人的行为进行约束，达到规范社会秩序的目的。

孔子主张重教化、轻刑罚。要治理好一个国家，必须在满足百姓生活富裕的基础上，加强教化。在礼刑问题上，他主张礼教是根本，不得已而用刑，必须慎用。要宽猛相济，就是文武两手并用，德治与刑治配合，政事才会谐和。孔子反对过度榨取，主张"使民也义"。义者，宜也，就是役使老百姓不要过分，要适宜。孔子看到了当时两极分化、贫富悬殊过大的现实，认为这是造成社会不安、国家颠覆的基本因素，因而提出"有国有家者，不患寡而患不均，不患贫而患不安"。孔子主张为政需正己。"其身正，不令而行：其身不正，虽令不从。"国家管理者一定要是德高望重、身体力行的"君子"，这样，为政者起表率作用，就会上行下效，自然就会政通人和国家得治。孔子主张举贤才，国君要治平天下，就必须举贤任能，发现和提拔优秀人才参与国事，贤才的标准是"志于道，据于德，依于仁，游于艺"。意思是要有政治理想和奋斗目标，要依据仁的精神和拥有高尚的品德，还要能善于娴熟地运用业务知识和技能。简言之，贤才就是要有理想、有道德、有知识和治国才能，即通常所讲的德才兼备。

孔子的"仁说"，体现了人道精神。孔子的"礼说"，则体现了礼制精神，有了这两者就有了建立制度、法规和社会秩序的重要基础。"执政为民"体现为民为本、民为贵，"为政以德"的目的是"以和为贵"、法德并举。

国和平，家和睦，民和谐，"人和"则凝聚力强、生产力高，这种从"和谐"思想出发，建立维护国家和社会和谐的治国思想，是人类永恒的主题，是建立人类文明社会的基本要求，对于任何社会、任何时代、任何一个政府都是适用的。

第八章　"和"为国家治理之策

"和"为国家治理之策，就是将"和"的思想作为治国的策略和方法，具体表现在政治、经济、文化、军事、外交五个方面。

本章重点围绕"和"在这五大领域的实际运用展开研究和阐述，包括：如何以"和"为策，促政治廉明，执政者具有为大多数人谋福祉的执政理念和执政能力。如何以"和"为策，促民族团结，培养国之民众具有热爱国家、建设国家的民族情怀和工作能力。如何以"和"为策，促社会安定，无论阶级、阶层，国民都具有维护国之安全和生命安康之责任。如何以"和"为策，促经济发展，国富民强，没有落后、贫穷、饥饿、灾荒、贫富悬殊、社会不公，国可欣欣向荣，民可安居乐业。如何以"和"为策，促文化繁荣，民众幸福，实现文化自信。

第一节　"和"为政治之要

"和"为政治之要，即强调"人和"在国家建设中的作用，政治目标的实现需要获得绝大多数民众的拥护和支持，没有广泛的群众基础就没有良好的社会基础，也就没有稳固的政权基础。

那么，如何为政以"和"？我认为主要包括两大部分的关系处理，一是外部关系的处理，即一个国家与世界其他国家建立和谐的关系，积极推动形成和平友好的国际秩序；二是内部关系的处理，即本国各阶层建立和谐的关系，积极引导形成团结和谐的社会秩序。通过"两大关系"的平衡处理，获得"外部和"与"内部和"，内因与外因相互推动，形成和谐有序的国家公共环境，政权的巩固和国家的稳定就不难实现。

因此，"和"为政治之要的两个关键点就是：国际秩序之"和"、国内秩序之"和"。这是一个国家政治管理面临的重要课题。

一、维护国际秩序之"和"

今日之世界，无论地理生态的关联，还是政治上的利益相关、经济上的贸易往来、文化中的交流以及社会的融合，越来越紧密。你中有我、我中有你的全球一体化格局正在形成，任何一个国家不可能脱离世界其他国家而孤立存在，只有清晰认识和准确对待彼此之间的关系，才能获得发展的资源和条件。任何一个国家不仅要"和邻邦"，还要"和世界"；不仅要成为践行"以和为贵"的重要一分子，自觉维护国际秩序正常化，而且要积极推动"以和为贵"，影响和带动更多国家维护国际秩序正常化。

第一，要维护国际公平正义。他国尊严、主权、领土不可侵犯，国家不分大小、强弱、贫富一律平等，反对以强凌弱，反对把自己的意志强加于人，反对干涉别国内政，形成相互尊重、相互包容的道德共同体。

第二，要坚持和平与发展原则。既不觊觎他国权益，也不嫉妒他国发展，通过交流、合作、共促、共建等正当途径，达到资源优势互补，获得互利共赢等公平正当权益，形成相互依存、相互促进的发展共同体。

第三，要推动国际合作秩序。什么样的国际秩序和全球治理体系对世界好、对世界各国人民好，要由各国人民共同商量，不能由一家之言说了算，不能由少数人说了算，形成联合参与、联合保障的命运共同体。

第四，要促进世界人民大团结。不论民族、党派、血统、肤色、语言，人与人都要携起手来同心协力，变压力为动力，化危机为生机，以合作取代对抗，以共赢取代独占，形成和谐共生、和谐发展的生态共同体。

二、维护国内秩序之"和"

一个国家的内部社会秩序，由群体和个人两个部分组成，群体如各党派、各团体、公共组织、企业、家庭等；个人包括社会各阶层、各民族、各种公民等。一个国家社会秩序好，集中体现为社会和谐，可概括为五层具体含义：一是个人自身的和谐，二是个人与自然的和谐，三是社会各阶层人与人之间的和谐，四是社会各系统内部和相互之间的和谐，五是整个国家的群体和个人与外部世界人和事的和谐。任何一个国家要注重引导每一个群体和个人都成为践行和推动和谐相处的重要一分子，才可能获得长治久安。

第一，引导个人树立和谐相处观念。"三才者，天地人"，中国传统文化将天、地、人并立起来，说明人的地位之重要。天之道在于"始万物"，地之道在于"生万物"，人之道在于"成万物"，人的可贵就在于具有主动的思想和意识，通过对万物规律觉察，进而形成认识自然、人和社会的思维能力。为何与自然和谐相处，因为万物是人依托的载体；为何与人和谐相处，因为人不可能孤立存在；为何与社会和谐相处，因为社会给人以给养。这种相互依存的和谐相处观，是构成国家社会秩序的"基因"，决定着一个国家的命运。

第二，引导社会形成和谐统一联盟。国家要走向全球一体化，社会组织要实现资源整合、抱团发展，目标的一致性在于，团结一切可以团结的力量，争取大多数人的拥护和支持，以增强克服重重困难的决心和勇气。列宁说过"要利用一切机会，哪怕是极小的机会来获得大量的同盟者"。同盟者来自于社会各阶层，存在于不同的党派、宗教、团体、企业、家庭，有着不同的信仰、学历、兴趣、性情、作风，与之团结的过程，就是一个"和而不同"的过程，求同存异是为了围绕在共同目标上，获得更多的共同利益。比如统一战线工作，在中国的革命和建设时期直至现在具有重要作用，就是最好例证。

第三，国家主导形成和谐治理机制。2005年以来，中国共产党提出将"和谐社会"作为执政的战略任务，"和谐"的理念成为建设中国特色的社会主义过程中的价值取向。通过建立健全尊重劳动、尊重知识、尊重人才、尊重创造的激励机制、兼顾效率公平原则的利益协调机制、畅通社情民意的社会管理机制以及调解、信访、矛盾纠纷排查机制，并由机制实施进而形成国家、组织、家庭良好风气的建设、教育和推动，一个影响一个，一个带动一个，就像我在管理学中提到的"皮球原理"，形成正面的反复的循环，最终实现"民主法治、公平正义、诚信友爱、充满活力、安定有序、人与自然和谐相处"的社会秩序，达到"人民内部矛盾靠人民来解决，人民幸福生活靠人民来创造"的国家治理目标，这就是"和"文化思想的具体运用。

第二节 "和"为经济之源

"和"为经济之源，即强调经济的核心构成要素是人，人是经济活动的主体，是驾驭经济的舵手。

笔者在《五行经济模型》中提出发展经济的"三个引擎"，即"引进来、留住人、走出去"，这三个环节都需要人的主观能动性来贯穿，无论哪一个环节离开人与人的和谐合作，投资、贸易、消费的经济链条就会断裂。所以说，没有"人和"，就没有经济形成。

如何以"和"作为经济之源？经济的本质是资源的最大化开发运用，商品的最优化贸易和价值转换，从资源运用的主观意识，到商品的价值产生和认定，再到产生公平自由的交易和收益分配原则，人的共享、合作意识和意愿对经济活动成效起决定性作用。英国古典经济学家威廉·配第在他的《赋税论》中提出了"土地为财富之母，而劳动则为财富之父"的著名论断，实际上蕴含了中国的"天地人"文化。

经济的过程是人与万物相互作用的过程，以"和"为经济之源，关键在于：人与自然和谐相处的资源观，人与人和谐相处的合作观，人与社会和谐相处的发展观。

一、资源共享之"和"

经济发展的资源，包括两类，一类是可开发和运用的自然资源，如土地、矿产、海洋、水、森林、生物、气候等，其主要特征是有限性和不可再生性；另一类是人类在发展过程中形成的人文资源，如技术、产品、资金、管理、经验、模式等，其主要特征是创造性和持续创新性。两类资源具有共同的特征是分布不平衡，其中自然资源主要受地理条件影响，人文资源则主要是历史、政治等因素影响。很少有国家兼具两类资源的丰富性，而落后国家却大多是因为两类资源都较为贫瘠。

资源，是发展经济的第一物质要素。资源条件越是充裕，经济发展越是有力。世界各国只有建立资源共享之"和"，才能形成对资源的合理保护、合理开发、合理利用，克服过度耗竭的短期现象给经济带来的伤害，为经济发展带来不仅是眼前而且是长久的基础保障；才能形成地区与地区之间资源的取长补短、互通有无，克服储备有限的短板效应给经济发展带来的制约，为经济发展带来因交流合作产生的增长和繁荣。没有资源之"和"的思想，就没有中国的南水北调，西煤东送，西部大开发这些取得巨大成效的宏大工程。从解决地区资源的配置不均衡出发，解决经济发展的条件不均衡问题，实践证明是科学的经济学。

世界各国的发展依存度越来越高！资源共享之"和"，首先用和平的方式对全球资源进行保护；其次用和谐的方式增进彼此间的合作交流，对所需资源进行合理有效配置。只有创造和平、和谐的世界经济发展新秩序，让珍贵的资源在友好的气氛中欢快的流动，才能彻底消除以无谓牺牲为代价换取暂时成果的愚蠢行为，世界经济繁荣才能走上光明大道。

二、 合作共赢之"和"

人类历史的发展，合作是根本途径。人类从原始社会就体现了合作共赢的重要性，那时是为了共同生存。随着社会的不断发展，劳动工具的不断创新，生产力水平的不断提高，人类的合作逐渐从温饱需要走向产品交换，由统治阶级与被统治阶级的合作发展到民间的合作，由小区域的合作发展到沿线更多国家的大区域合作，丝绸之路就是一次联动多个国家的大范围、多民族、跨国际的多元化合作。合作是为了共赢，共赢是为了发展，没有人与人的"和"，就没有合作，没有共赢，没有经济的发展。

合作共赢之"和"，是促进发达国家技术、产品、资本与发展中国家市场、资源、劳动力资源互补的过程。自欧洲文艺复兴后，18世纪以蒸汽机为标志的第一次工业革命爆发，英国率先成为世界上第一个工业国家，机器生产代替了手工劳动，工厂取代手工工场，传统生产方式彻底改变。随后，美国、俄国、德国、意大利的改革拉开，欧美实现工业化及现代化的进程从此启幕，资本主义世界体系初步形成。美国的工业革命起步要比英国晚30年，但二战后迅速奠定了世界科技最发达的地位，回顾历届的诺贝尔奖，美国几乎"垄断"了半个多世纪，据统计美国人口占世界人口总数不到5%，但获得诺贝尔科学奖的人数却占全世界获奖人数的70%以上。由于科技的高速发展，带来了生产效率的快速提升和商品的极大丰富，也带来了发达国家产品"走出去"与发展中国家资源"引进来"两个需求的对接，国际合作逐渐放大。

合作共赢之"和"，是促进世界国家在处于平等关系前提下讨论公平合作，增进双边、多边贸易共赢的过程。科技进步除带来产品过剩外，同时促进了世界经济走向全球化：一是国际投资迅速增长，带来了资本的国际化；二是对外贸易成为国际交往中最活跃的环节和各国经济发展中不可缺少的组成部分，促进了市场的国际化；三是国际金融交易大大超过世界生产和商品交易、服务贸易，成为国际交往的重要组成部分，促成了金融的国际化；四是战后跨国公司大量涌现，并在全球经营，带来了生产和销售的国际化；五是全球贸易规则日趋统一，带来了世界经济秩序治理的国际化。

在世界经济全球化的时代，国际合作成为主题，世界各国都要本着合作共赢的态度展开经济往来，才能拥有未来共同的发展与繁荣。

三、包容发展之"和"

共享与合作的过程，也是人与人，文化与文化，思想与思想的碰撞和磨合过程，这个过程需要的正是"和而不同"，求同存异，相互理解，相互包容，海纳百川才能同舟共济，斤斤计较只会故步自封。

近年来，跨境贸易与投资持续低迷，贸易壁垒逐步筑高，区域一体化进程横生波折，多国移民政策趋向收紧，种种民粹主义、孤立主义和保护主义迹象频繁显现，如何才能防止极端思潮全面冲击国际合作大局？"经济全球化曾经被人们视为阿里巴巴的山洞，现在又被不少人看作潘多拉的盒子"。

当前经济全球化进程中，由于国与国之间文化信仰不同，发展观念不同，管理水平不同，对发展认识和利益的认识不同，势必就会出现理念的差异、诉求的差异，加之原有利益集团下形成的规则倾向，难免会出现重重矛盾和困难，对此，世界各国应抱有正确态度。习近平主席用生动的比喻描述了陷入困境的经济全球化。

1月17日，习近平出席世界经济论坛2017年年会开幕式并发表主旨演讲。达沃斯世界经济论坛首次迎来中国国家元首。

面对低迷的世界经济和国际局势不确定性的上升，很多人困惑：世界到底怎么了？又该如何走出困境？中国还行不行，能为世界发展做些什么？在长达6000多字的演讲中，习近平对这些关切作出一一回应，为十字路口的世界经济提供"中国方案"。

世界到底怎么了？习近平给出两个判断：

判断一：困扰世界的很多问题，并不是经济全球化造成的。

世界到底怎么了？要解决这个困惑，首先要找准问题的根源。在习近平看来，经济全球化为世界经济增长提供了强劲动力，促进了商品和资本流动、科技和文明进步、各国人民交往。当然，经济全球化是一把"双刃剑"。反全球化的呼声，反映了经济全球化进程的不足，值得我们重视和深思。

判断二：经济全球化确实带来了新问题，但我们不能就此把经济全球化一棍子打死，而是要适应和引导好经济全球化，消解经济全球化的负面影响。

"世界经济的大海，你要还是不要，都在那儿，是回避不了的。"习近平指出，想人为切断各国经济的资金流、技术流、产品流、产业流、人员流，让世界经济的大海退回到一个一个孤立的小湖泊、小河流，是不可能的，也是不符合历史潮流的。面对经济全球化带来的机遇和挑战，正确的选择是，充分利用一切机遇，合作应对一切挑战，引导好经济全球化走向。

搞保护主义如同把自己关进黑屋子，看似躲过了风吹雨打，但也隔绝了阳光和空气。打贸易战的结果只能是两败俱伤。

摘自【人民网 2017.1.18《世界怎么了？中国行不行？
习近平达沃斯回应三大关切》】

包容发展之"和"，是中国传统文化和而不同，积力所举无不胜，众智所为无不成的精神夙愿。世界各国只有坚定"以开放谋共赢，以融合促繁荣"的全球化立场，树立包容性发展观，树立超越民族国家和意识形态的"全球观"，本着共同建设一个更加和谐的人类命运共同体之崇高目标，同各方一道共同承担起改善世界的责任，引导经济全球化进程向着更加包容普惠的方向发展。

包容发展之"和"，是在开放中分享机会，共创利益，实现共赢，化解矛盾的行动指南。世界各国要有不因局部利益影响整体利益、为了整体利益不惜牺牲局部利益的胸怀和格局，要注重发展的公平性、有效性、协同性，通过理解和化解不同国家、不同人群的隔阂与疏离，解决公平公正问题，让发展水平更加平衡，让发展机会更加均等，让发展成果人人共享，以真正实现对每一个国家、每一个人的尊重，为人类探索一个"天下大同"的美好未来。

"让世界经济的大海退回到一个一个孤立的小湖泊、小河流，是不可能的，也是不符合历史潮流的……中国是经济全球化的受益者，更是贡献者。中国经济快速增长，为全球经济稳定和增长提供了持续强大的推动。中国同一大批国家的联动发展，使全球经济发展更加平衡。中国减贫事业的巨大成就，使全球经济增长更加包容。中国改革开放持续推进，为开放型世界经济发展提供了重要动力。"习近平主席用中国实践告诉人们经济全球化在平衡，在包容，在开放，如今，中国"一带一路"战略实施中表现极其突出，深受世界各国的高度赞赏，俄罗斯总统普京明确表示：丝绸之路经济带建设和欧亚经济联盟对接框架下的基础设施建设合作是极其宝贵的，通过铁路、公路、航空、河运、海运贯通南北，连接东西，这样的合作具有全球意义，俄罗斯愿意继续推动对华合作。

第三节　"和"为文化之根

"和"为文化之根，即把"和"作为最核心的文化精神植入世界人民的观念及行为。这是源于"和"对人类生存与发展的重要性,"和"是人类生存与发展的基础,"和"与"不和"直接决定人与人能不能合作、能不能创造、能不能更好的生存与发展。

文化内化于思想和精神,外显于习惯和行为。中国传统文化以"和"为贵,作用于人良好的处世观,主要特征是立足和本、舍异求同、互为借鉴、尊重包容,每个人树立了"和"的观念,具备了"和"的行为,以积极的态度学习、工作、生活,以良好的风貌融入家庭、组织、国家,综合起来构成支撑发展的民族精神和反映文明程度的社会风气,前者是人民与国家的"和",后者是人民与人民的"和"。这是人类社会最核心的文化,科学、教育、艺术、礼俗等文化,从根本上最终服务和体现在这两个方面。

一、民族精神之"和"

"和"是一个国家应当培育的文化基因,是一个国家发展的脊梁。体现在民族信仰和爱国情怀,即民众对民族和国家的珍惜与热爱,万众一心建设和维护国家的精神和情怀。每一个人都应该具有这样的价值观,是最基本的道德法则。

以民族精神之"和"培育公民热爱国家的意识。无国哪有家,无家哪有我!对于公民而言,国家是赖以共同生活的地理空间,头顶同一片蓝天,脚踏同一方土地,对资源物产、自然环境的珍惜和保护,如同我们的生命一样珍贵;国家也是具有相同风土人情、文化背景、生活习性的心灵和精神家园,这里有光耀我们的祖宗,呵护我们的亲人,陪伴我们一生的动力,对历史、文化、民风的传承和发扬,关乎我们的心灵寄托和灵魂归属,如同我们的尊严一样不可丢弃。中国著名词作家王平久先生为著名影视明星成龙先生做过一首歌叫《国家》,歌中写道:"国是我的国,家是我的家；一心装满国，一手撑起家；有了强的国，才有富的家；国的家住在心里，家的国以和矗立；国与家连在一起，创造地球的奇迹……"只有国民具有了国家意识，才谈得上建设国家。

以民族精神之"和"培育公民建设国家的意识。英国诗人拜伦有句名言："不爱自己国家的人，什么也不会爱。"中国诗人艾青有句名言："为什么我的眼里常含泪水？因为我对这土地爱得深沉……"每个人都有一个国家，凡具有爱国情志的公民，无不具有深厚的国家情怀，以国家的进步繁荣为荣，为国家的动荡落后忧心。如果人人深爱自己的国家，先天下之忧而忧，后天下之乐而乐，并将之化作严以修身、正义仁爱、团结和谐、努力钻研、勤奋工作、争创业绩的建设国家和促进国家安定团结与各行业进步的具体行动，那么国家的发展就获得了生生不息的力量。民族精神，乃国之福，政之要也！

二、社会风气之"和"

人与人相处的氛围构成社会风气，集中表现为一个国家人民的处世观。社会风气的重要性在于各种人群之间的互相作用和影响，要么是积极的，要么是消极的。积极的表现为正念、正知、正能量，利于各项政策及工作落实，利于国家形象的树立和传播；消极的表现为悲观、片面、负能量，给各项政策及工作落实带来阻碍，给国家声誉带来损害。国家文化建设，要注意引导社会风气积极的方面，对消极的方面应加以抑制和教育转化。

社会风气之"和"的形成，在于对公民正确处世观念和行为的引导，在于由内而外、由个体到群体、由自然行为到社会行为的全面教育。以下"四慎"可谓中国传统处世文化之精粹。

慎独——是非观。这是一个人的处世境界问题，刘少奇在《论共产党员的修养》中，将慎独作为领导干部党性修养的有效形式加以提倡：即使在他个人独立工作、无人监督、有做各种坏事的可能的时候，他能够管束自己不做任何坏事。吾日三省吾身，孔子说人要九思："视思明，听思聪，色思温，貌思恭，言思忠，事思敬，疑思问，忿思难，见得思义。"内心才能保持清醒、明白、坚定，知道什么是对，什么是错，什么要坚持，什么要摒弃，时刻提醒督促自己往好的方面发展。人人做到"慎独"，社会矛盾会减少很多。

慎欲——利益观。不正确的利益观往往会害人又害己，"祸莫大于不知足，咎莫大于欲得"。弱水三千，取饮一瓢；广厦千间，夜卧六尺；良田万顷，日食三餐。一个人的人生追求要建立在健康、高尚、无私、服务于大多数人、为社会创造有效价值的基础上，不可因一己之私损害其他利益，"不虑于微，始成大患；不防于小，终亏大德"。孔子要求人做到"心不动于微利之诱，目不眩于五色之惑"，意思是每个人应该敦方正直，淡泊名利，不为欲所困，不为欲所摄，不为欲所害。人人做到"慎欲"，集体利益会提升很多。

慎言——相处观。语言修养和能力对社交关系影响巨大。"慎言"不是不说话，而是注意说和气的话，和气的说话。笔者总结"五不说"是每个人基本应该做到的：不利于民族尊严、集体形象、组织团结的话不说；不切合实际、歪曲真相的话不说；涉及国家、组织机密的话不说；关系民族、宗教忌讳或政治敏感的话不说；伤及他人隐私、缺陷的话不说。同时怎么说、与谁说也很重要，子曰："可与言而不与之言，失人；不可与言而与之言，失言。知者不失人，亦不失言。"人人做到"慎言"，社会和谐风气会大不一样。

慎行——务实观。空谈误国，实干兴邦。笔者曾提出"人的一生难在哪里？难在路不通"，注重修路搭桥，就是一种"慎行"。一方面要管理好日常的行为举止，原则不可犯，底线不可触，不做不利于他人的事，不做不利于组织的事，不做不利于国家的事，始终做到与人为善，才会行之更好，行之更远。另一方面要具备勇往直前的工作作风，梁启超先生《论毅力》：无论事之大小，必有数次乃至十数次之阻力，有毅力者成，反是者败。孟子有云：掘井九仞而不及泉，犹为废井。人人做到"慎行"，社会效率会大不一样。

第四节　"和"为军事之用

"和"为军事之用，在和平与发展成为时代主题的当今世界，各国的军事管理需要以"和"作为先导，贯穿始终。

今日世界民族矛盾、宗教矛盾、领土争端、边界纠纷、资源争夺等各种矛盾仍然存在，引发争执、对抗、冲突、战争等，各种形式、不同性质的武力冲突依然在世界许多地方发生。为了预防和抑制"不和"因素的危害，国家需要保持适当的军事能力或措施，以保障人类的生存与幸福，实现"和"。

一、以"和"治军

首先，军人使命为"和"而存。"拯黎民于水火，救国家于倒悬"，军人的使命是保家卫国，是与一切危害国家利益的事件和行为作斗争，忠于国家、忠于人民，为世界和平与社会和谐而战，是每一位军人的神圣职责。

珍爱和平，追求和平，保护和平，为了"和平"可以舍己取义，"晓战随金鼓，宵眠抱玉鞍"这是军人的生活，"战死疆场，马革裹尸"这是军人的风采，"师出之日，有死之荣，无生之辱"，选择了军人这个职业，就意味着在危机到来的时候冲在前面，不惜付出鲜血和生命，军人的奉献牺牲是最纯粹的、最彻底的、无条件的，这种大无畏的精神就是军人的气节。

其次，军人使命为"和"而育。军人要肩负国家和人民安宁幸福的使命，就必须培养形成两个方面的素质，即：高度的政治素养、过硬的军事本领。

高度的政治素养，体现在对民族、国家、人民大局利益为重的荣辱观、责任感、纪律性。一是明耻，古人治军之道，未有不本于廉耻者。孔子说"知耻近乎勇"，《吴子》曰："凡制国治军，必教之以礼，励之以义，使有耻也。夫人有耻，在大足以战，在小足以守矣"。二是忠义，秦朝国尉尉缭曾说："凡兵尚义，就能以饥为饱，以死为生"。"凡兵，不攻无过之城，不杀无罪之人。夫杀人之父兄，利人之货财，臣妾人之子女，此皆盗也"。三是，勇敢，"狭路相逢勇者胜"，临危不惧，英勇冲锋，是军人必备素养。太公对武王说："将有三胜，一曰礼将，二曰力将，三约止欲将。"就包含了以上三层意思。

现代化军事装备的战斗能力，对复杂局势的判断能力，以及在维护世界和平中需要的与社会沟通的能力。在世界局势日益复杂化的今天，产生不和平的因素还很多，核扩散问题、恐怖组织问题，都威胁着世界人民的安全。战争是可恶的，战争是痛苦的，战争也是无奈的。维护世界和平需要一个漫长的过程，这个漫长的过程中，可以不用武力解决的，要学会用思想疏导解决社会矛盾及冲突，把流血牺牲降到最低化。

再次，军人使命为"和"而战。一是为保卫世界和平和国家安全而战；二是为保卫社会安定和人民安全而战。前者指发生在本国或他国，反击侵略行为展开的战争；后者多指发生在本国的自然灾害，与威胁人民生命财产安全的天灾人祸作斗争。

中国著名作家魏巍将军人比喻为"最可爱的人"！每当世界和平的警

报拉响，军人总是出现在第一战场。中国是热爱和平的国家，为了维护世界人民的安宁，20世纪，中国有十几万英雄儿女为了世界和平长眠在异国他乡。

他们来自祖国的四面八方、五湖四海，他们是父亲的儿子，妻子的丈夫，孩子的父母，他们有着青春的脸庞，有着对新中国无限的憧憬和希望，但是为了拯救陷入战火中的人民，他们毅然背起行囊，端起枪，冲向战场。根据解放军卫生勤务部统计，仅朝鲜战争中国人民志愿军总损失数是：战斗和事故死亡11.8万人；负伤38.3万人，失踪2.56万人，患病后送医院35.5万。另据后方医院统计，伤员和患病者还有3.48万人不治身亡。

在当今和平年代里，每一位军人肩上依然扛着沉甸甸的责任，在边境，在海关，在深山，在海岛，在戈壁……与走私，与毒贩，与犯罪，与洪水，与冰川……军人无时不在履行着捍卫正义、保护生命的光荣职责。四川汶川抗震救灾的斗争中，几十万大军不分昼夜在废墟里寻找可能的生命，在余震来临前，指挥员挥泪下达死命令，让钻进废墟里的人马上撤离，可是一名刚从废墟里救出一个孩子的战士跪下来大哭对拖着自己战友说求求你让我再回去救一个，我还能救一个。这就是一个军人对人民的无限忠诚！无论是战争年代还是和平年代，军人就是"和平"的卫士，他们用一腔热血，为人民安宁挺身而出，他们用自己的血汗换来人们的幸福，用自己的牺牲换来更多人生的希望！

二、以"和"用军

以"和"用军，是未来军事的主要目的和手段，一方面战争是一面镜子，能够让人更好认识和平的珍贵；另一方面，随着高科技的发展，未来战争极具毁灭性，谁都不愿意鱼死网破，陷入世界毁灭的极度恐惧。

世界各国要以史为鉴，牢固树立人类命运共同体意识，摒弃偏见和歧视、仇恨和战争，共同维护以联合国宪章宗旨和原则为核心的国际秩序和国际体系，不称霸，不搞扩张，积极构建以合作共赢为核心的新型国际关系，相互尊重、平等相处、和平发展、共同繁荣，坚持以"和"用军、以"和"治军的思想，共同推进世界和平与发展的崇高事业。

首先，为维护世界和平而用军。军事为保护国家和平，不以财富掠夺向世界和平和人类幸福挑战，彻底摒弃强权、霸权主义思想，坚决抵制恐怖组织力量。以"和"用军，就是当危及和平的事件发生，任何一个国家都要毫不犹豫予以反击，这是对那些为维护人类自由、正义、和平牺牲生命的英灵、对惨遭屠杀的无辜亡灵的最好纪念。

其次，为维护国家和谐而用军。军事为保护社会和谐，不以政权争夺向国家安定和人民和谐挑战，大力维护国家利益第一，坚决反对政党斗争活动。只有维护国家发展，才能有利于人民安居乐业，以"和"用军，就是对任何有悖于发展规律和干扰国家利益的政治活动予以有力打击，这是对国家安全和人民生命财产安全的最好保护。

再次，以维护民族团结而用军。军事为保护民族团结，不以文化侵略向民族团结和信仰自由挑战，大力维护各民族共同繁荣，坚决反对宗教派别斗争。只有多民族共存，手足相亲，才能增强共同维护主权、发展经济、走向富强的力量，以"和"用军，就是对民族、宗教分裂企图和非正义挑战予以打击，这是对人民幸福生活的最大保护。

三、以"和"安军

以"和"安军，指的是对于退伍军人的安置政策，表面上看是退伍军人的社会管理问题，实质上是军事管理的关联问题，因为它会间接影响现役军人的心理，也就会影响到军事发展，因此值得世界国家重视。以"和"安军，主要做好以下几点：

首先是政策和机制的保障。大多数国家政府在安置退伍军人的过程中探索运用立法的手段，确保退伍军人的就业安置、住房待遇、医疗待遇等刚性需求得到满足，帮助他们从军人向平民生活的顺利过渡。比如美国、俄罗斯、澳大利亚等国家，颁布了多项关于退伍军人的权利保护、社会地位、退休金福利、退役补偿办法、养老金红利、参战退伍军人补贴、死亡安置、退伍军人审议和申诉以及老兵法等法律法规，为其退役军人安置提供依据，规范退役军人的安置行为。我国在这方面也做了大量富有成效的工作，对减少退伍军人社会性问题，推动军事管理发展起到积极作用。

其次是感情和心理的调适。各国军人来源不同，有些是自愿参军，有些是雇佣军，不论是哪种形式参军，军人在服役期间，都要经受严格的训练，担负重大的责任，有的甚至因为参加战争，造成身体、心灵方面的伤害，他们对于国家的情怀、民族的感情、战争的残酷、公民的责任、军人的使命等问题的认识，与一般社会人是有区别的。他们退役后，环境变了，面对的人群变了，生活习惯变了，难免会有心理落差，所以对他们的妥善安置，首先是心理上的正确调适，在对他们进行生活和工作的安置基础上，要给予鼓励和引导，帮助他们调整角色，发挥好建设国家、再立新功的作用。

再次是兴趣和专长的尊重。退伍军人的就业方式与各国经济体制相关，目前基本上是"自谋职业""国家安置"及"双轨制"等形式，无论哪一种形式，在他们的工作安排中都应该根据每个人不同的兴趣和专长，本着合理使用、人尽其才、各得其所的原则，给予引导和帮助。国家不仅要给政策，就业单位还要为他们提供就业培训和上岗指导，以便指导他们掌握正常工作的技能，获得顺利"转型"、实现人生价值的良好环境。

第五节 "和"为外交之策

"和"为外交之策，大量史实证明，无"和"则无外交。外交活动中要以"和"为贵，即在捍卫国家尊严、保卫国家利益、谋求合作共赢中达到外交目的，这是弥久不衰的法则。

我国古代就有很多外交使节以自己的智慧和勇敢出色地完成了自己肩负的使命，最大限度地维护了国家的利益和尊严。春秋战国时期，因为当时割据纷争，王权不能稳固统一，出现了以苏秦和张仪为代表的纵横家，他们为寻求不战而胜，或以较少的损失获得最大的收益，运用智谋、思想、手段、策略，以布衣之身庭说诸侯，以三寸之舌退百万雄师，以纵横之术解不测之危。苏秦合纵五国，佩齐、赵、燕三国相印，联六国逼秦废弃帝位；张仪雄才大略，以片言得楚地六百里；唐雎机智勇敢，直斥秦王存孟尝封地；蔺相如虽非武将，但浩然正气直逼秦王，不仅完璧归赵，而且未曾使赵受辱。纵横之士智能双全，有不乏仁义之辈，他们的方法被誉为当时解决国家问题的最好方法，这就是外交的魅力。当代外交主要体现在以下方面：

一、以"和"外交的多元融合性

多元融合，就是世界各国多方面、多层次与其他国家建立关系，推动交流，实现文化交流，优势互补，资源共享。古今中外，将国家与国家联通的外交家们，展现了多元化交流的风采，为世界文明进步作出了杰出贡献。

汉代张骞联通西域各国，开通丝绸之路，沟通了亚洲内陆交通要道，与西域诸国正式开始了友好往来，他将中原文明传播至西域，又从西域诸国引进了汗血马、葡萄、苜蓿、石榴、胡麻等物种到中原，促进了东西方文明的交流，被誉为"第一个睁开眼睛看世界的中国人"。

唐代玄奘西行历经 17 年之久，5 万里行程，138 个国家，不仅带回了佛教经典 520 筴、657 部，还将唐朝的文化介绍给了沿途众国。返回长安以后，玄奘还依据自己的亲身经历，编写了《大唐西域记》一书，其中记载了取经路中各国山川、城邑、物产、风俗，成为后人研究我国西北地区及印度、尼泊尔、巴基斯坦、孟加拉国、斯里兰卡以及中亚等地历史、地理的重要史书。他刻苦翻译佛经，在 20 年间共翻译出 1335 卷。他还将中国的《老子》等书翻译成梵文，传入印度。公元 664 年玄奘去世，传说当时有一百多万人为他送葬，三万多人给他守墓尽哀。

元代马可·波罗，促进中意两国友好，他记述了在东方最富有的国家——中国的见闻，激起了欧洲人对东方的热烈向往，对以后新航路的开辟产生了巨大的影响。西方众多的航海家、旅行家、探险家读了《马可·波罗游记》以后，纷纷东来，寻访中国，打破了中世纪西方神权统治的禁锢，大大促进了中西交通和文化交流。因此可以说，马可·波罗和他的《马可·波罗游记》给欧洲开辟了一个新时代。

明代郑和七下西洋，率领两百余艘船只、两万七千余人员的庞大舰队出使远航，揭开了世界大航海时代的序幕，是中国拥抱外部世界的象征，同时震惊了西洋的航海冒险家，激起了他们东来的欲望。郑和使团向各国推广了中国的农业和手工业的先进技术，促进了各国经济的发展，同时繁荣了明代的陶瓷、丝绸、钱币等与东南亚香料、染料等商品的贸易交流。在海外体现了中华民族热爱和平、睦邻友好、自强不息的优良传统，努力传播中华民族追求人类社会和自然界的和谐发展，"大同"与"和谐"的理想，这也是海外各国人民向往美好幸福生活的愿望，与几十个国家建交，被后人称为播撒文化理念的"香料之旅"。

历史告诉我们：一个国家只有与世界更多国家相互依存，相互合作，多元融合，才能获得更多安全和发展的保障。而在当代，多元融合显得更加重要，这是因为：其一，国家是世界的一部分，这是客观存在的，这种客观存在使任何国家与世界各国之间存在种种联系，而不可能脱离；其二，世界格局动态持续不断地变化，每个国家必须根据世界格局的发展趋势调整对外策略，不断适应世界的进步和变化；其三，国家与国家之间的联系日益密切，没有哪个国家能够脱离其他国家而独立生存好，发展好，只有加强与其他国家之间的联系，才能在新的历史时期获得更多的合作资源和更好的发展前景；其四，区域之间的共同利益越来越体现出来，因此产生了各种各样的区域性组织，这些组织的合作不断增强，在国际上发挥的作用越来越大，需要国家来协调处理；其五，世界的不安宁因素依然存在，不正确的军事思想，武器使用，核技术研发，依然给人类造成危机隐患。唯有以"和"作为外交之策，才可以使世界各国获得良好的外部环境。

二、以"和"外交的利益调节性

因为文化观念、国家利益、社交习俗、个人修养等方面因素的影响，国家外交关系会经常出现矛盾、争执，不论任何性质，需要站在共享、共赢、一荣俱荣、一损俱损的立场上，本着尊重、理解、包容合作的态度，正确处理关系。有时为了国家利益需要牺牲个人利益，有时为了整体利益需要牺牲局部利益，有时为了长远利益需要牺牲眼前利益，这就是以"和"外交的利益调节性。

在中国古代外交史上，有一位杰出的女子，她结束了汉匈百年战争，维护了两个民族六十多年的和平局面，她就是王昭君。汉武帝时的汉匈战争，给国家造成了巨大的财政损失，加重了人民的苦难，匈奴内部分裂，彼此征战不休，也走向了衰落。汉武帝之后，两国人民都要求和平，民族和好成为主流。王昭君顺应这种形势出塞，用她一生的努力，使两个民族和好了六十多年，减少了许多不必要的伤亡，所以历史评价王昭君的功劳不亚于卫青、霍去病，陆燿说王昭君胜过汉武帝的十二位将军。

王昭君出塞，不仅维护了边关安全，而且加速了民族融合，她带去中原先进生产技术，传播中原先进文化，使匈奴半文明、半落后的社会状态得以改变。自昭君出塞之后，汉匈贸易开始繁荣，人民的经济文化交流更加频繁，这一切都促进了匈奴的社会进步。唐朝诗人张仲素描写昭君出塞后，出现了"剑戟归田尽，牛羊绕塞多"的繁荣景象。在王昭君身上，体现了爱国主义精神，体现了以和为贵的精神，体现了勇气、坚强、勤劳、智慧，这些都是中华民族的传统美德。

人民群众为她编了许多神话故事，把她当神一样崇拜。王昭君的出生就是不平凡的：传说姊归有一户人家，男主人叫王穰，女主人叫景氏，年纪都四十了还没有孩子，两口子天天着急。景氏就到庙上祈祷。一天，景氏梦见一轮明月掉进自己的怀中，当天晚上就生下一个孩子，此时月色正浓。人们过来看：那婴儿的脸就像月亮一样圆，而且人们发现，村东头的稻子熟了，人们明白了，女孩是月中仙子！这个女孩，就是王昭君。

摘自【百度百科：王昭君】

国家利益是一个国家最高层次的利益，包括政治利益、经济利益、文化利益等。随着全球一体化建设不断推进，国家外交关系面临处理的利益问题越来越多，政治、经济、文化、军事四种外交手段也经常被融合使用。

政治外交，即通过与其他国家之间的政治活动实现国家利益的一种外交手段。在处理国家与国家关系时，在解决国家与国家之间的问题时，有时以政治方面的交流为主，有利于实现国家关系正常化和国家利益最大化。例如，中国共产党在革命的过程中，坚持了马克思主义信仰，以实现共产主义理想为革命方向和发展目标。由于政治方向明确，赢得了苏联和东欧各社会主义国家人民的支持，这为新中国的迅速发展打下了良好的基础。再如，苏联解体的重要原因，就是在资本主义国家和平演变的过程中，丢失了马克思主义的信仰，失去了社会主义国家的支持，使美国钻了空子，由于政治信仰的问题，使西方国家瓦解社会主义苏联的阴谋得逞。

经济外交，即通过与其他国家之间的经济活动实现经济利益或其他国家利益的一种外交手段。在处理国家与国家关系时，在解决国家与国家之间的问题时，有时以经济方面的交流为主，有利于实现国家关系正常化和国家利益最大化。例如，中国在处理对外关系的时候，对于那些承认"一个中国"原则的发展中国家，就会在经济上给予一定程度的支持。再如，美国在处理国际问题上，对于反对美国的国家，或美国认为可能会对其战略造成负面影响的国家，就会通过经济上的制裁实现一定的政治目的，这都属于经济外交。

文化外交，即通过与其他国家之间的文化活动实现国家利益的一种外交手段。在处理国家与国家关系时，在解决国家与国家之间的问题时，有些问题以文化方面的交流为主，有利于实现国家关系正常化和国家利益最大化。在当今时代文化成为外交手段的功能越来越明显。例如，1971年，中美两国乒乓球队的友好往来，推动了中美两国关系正常化的进程，成为历史上著名的"乒乓外交"，这就是借助文化的手段实现。再如，2008 年中国成功举办奥运会，2010 年上海成功举办世博会，都是通过文化的平台展示国家的魅力和国家在世界的地位引来世界关注的目光，这都属于文化外交。

军事外交，即通过与其他国家之间的军事活动实现国家利益的一种外交手段。在处理国家与国家关系时，在解决国家与国家之间的问题时，有些问题以军事方面的交流为主，有利于实现国家关系正常化和国家利益最大化。中国在刚刚解放后出兵支援朝鲜就是一个案例，如果不出兵，就有可能使中国处于战乱或战争的威胁之中，经历短暂的战争，维护了中国的利益，带来了随后几十年的国家主权稳定，这就是军事外交。

三、以"和"外交的发展共享性

如今，人类世界的共同目标，和平是主题，共享是目标。外交关系的核心究竟是什么？就是通过国际关系的正常化实现国家利益最大化。关系正常化是通过建立、维护、发展与其他国家之间的关系，实现国家与国家之间政局稳定、经济互补、文化共享，最终实现"和平、合作、共享、共赢"的过程。只有关系正常化，才能促进各国在政治上相互支持，在经济上进行合作，在文化上相互借鉴，在军事上相互帮助。

首先，以"和"外交的发展共享性，体现在发展本质的坚持。共享，是发展的共享，而不是妥协，不是低头，不是退让，不是向大国、强国一边倒。共享，是公平，是正义，是友好，是坚持底线，是不卑不亢。顾维钧在巴黎和会上拒绝签字，就山东的主权问题据理力争，以出色的辩论才能阐述中国对山东有不容争辩的主权，为维护中华民族的权益作出了贡献。周恩来在新中国刚成立的风雨飘摇时期，用他的睿智和才华，以及四两拨千斤的巧妙谈判，日内瓦舌战十六国，万隆会议上提出求同存异的方针，推动会议圆满完成，留下了令后人称道的"万隆精神"，在近代世界政治外交史上被传为美谈。他的民族气节，不卑不亢，儒雅的外交风度，直到今天仍被世界人民所敬佩。

其次，以"和"外交的发展共享性，体现在共享格局的坚持。如今，中国在和平共处五项原则的基础上，同160多个国家建立和发展了和平外交关系，同绝大多数邻国通过和平谈判解决了边界问题，维护了周边的和平与稳定。加入世界贸易组织后，中国形成全方位的对外开放格局，在更大的范围、更广的领域、更高的层次上参与国际经济合作，有力地推动了各国之间的对话与合作。同时，中国政府积极推动与国际社会在扶贫领域的合作和交流，为世界范围内缓解和消除贫困作出了贡献。在经济全球化的背景下，中华文化在走向世界、与世界各国进行文化交流与合作中，显示出勃勃生机，如今的"丝路外交"正在进一步惠及世界各国。

第九章　"和"为国家治理之法

"和"为国家治理之法，在于坚持做到"三个不损害"，实现"三个有利于"。"不损害"是达到社会和谐的基本保障；"有利于"是推动国家和谐的有力保障。

国家利益高于一切，民族利益高于一切，人民利益高于一切。无论国家治理者，还是任何一个国民，最基本的是要做到"三个不损害"，即：不损害国家利益、不损害民族利益、不损害人民利益。对于损害国家、损害民族、损害人民的行为，制造不和谐的因素，应坚决予以制止和打击，才是人类进步、国家存续的根本所在。在此基础上，以"三个有利于"达到更高境界，即：有利于国家利益、有利于民族利益、有利于人民利益。

中国近代史的发展充分显现：违背民族正义的国家治理必亡，坚持民族正义的国家管理必胜。19世纪末到20世纪初，由于清政府对侵略者的一再妥协退让，一系列不平等条约加在中国人民的头上，为了维护国家和人民尊严不受践踏，孙中山先生首举彻底反封建的旗帜，发出"起共和而终二千年帝制"的宏愿。1905年（清光绪三十一年）他与黄兴等人创建同盟会，提出的"驱除鞑虏，恢复中华，创立民国，平均地权"的革命纲领，并首次提出民族、民权、民生三大主义，自此，全国革命运动的迅速发展。1912年2月12日，隆裕太后颁布了退位诏书，结束了清王朝长达276年的统治，辛亥革命取得了胜利。1925年3月11日，孙中山在国事遗嘱中总结了40年的革命经验，得出结论说："必须唤起民众，及联合世界上以平等待我之民族，共同奋斗。"并发出"革命尚未成功，同志仍须努力"的号召，孙中山先生的爱国精神和民族革命意志对新中国革命产生了重要影响。

第一节　坚持不损害和有利于国家"和"之法

国家利益就是满足或能够满足国家以生存发展为基础的各方面需要，并且对国家在整体上具有好处的事物。现实主义代表摩根索曾对国家利益的概念定义为三个重要的方面：领土完整、国家主权和文化完整。新自由主义学派代表人物基欧汉主张三种国家利益：生存、独立、经济财富。而建构主义学派代表人温特又在其后加了第四种利益：集体自尊。

实际上归纳总结一下，国家利益就是安全与稳定、和谐与发展、繁荣与富强。符合这个利益就是"有利于"，不符合这个利益就是"不利于"。

坚持不损害和有利于国家之"和"，要从国家的政体建设以及政治、经济、文化、军事、外交政策等方面进行确保。执政为了谁？执政依靠谁？这是摆在执政者面前一个"置顶位置"的头号问题。国家不是某一个人或者某一部分人的生存空间，国家代表全体国人共同的公共利益，公共关系需要维护，社会秩序需要治理，环境不可破坏，资源要合理调配，经济要发展，民众要富裕。不论任何一个国家的管理者，执政的目的是为国家带来稳定发展，为民众带来幸福和谐。这是执政者必须服从的宗旨和价值追求，违背了执政为大多数人谋福祉这个宗旨，选错了实现执政目标的路径、方略和基本方式，最终执政权就会面临危机。

对于中国而言，正如习近平主席讲到的"中国有960万平方公里国土，56个民族，13亿多人口，经济发展水平还不高，人民生活水平也还不高，治理这样一个国家很不容易，必须登高望远，同时必须脚踏实地"。社会主义新中国的执政者，用马克思主义、毛泽东思想的先进执政理念不断完善符合国家发展的执政机制，带领中国人民实现中华民族伟大复兴的"中国梦"，这项千秋大业就是有利于国家之"和"的具体行动。

第二节　坚持不损害和有利于民族"和"之法

民族，是指共同成长于某一文化生态环境，在文化、语言、历史、情感或宗教等方面与其他人群有所差异的群体。目前全世界有2000多个民族，分布在200多个国家和地区。除20个基本单一民族的国家外，大多数国家是多民族汇聚而成。世界上民族最多的国家要数尼日利亚，全国有250多个民族，占世界民族总数的1/8。亚洲拥有50个民族以上的国家有中国、印度、菲律宾、印度尼西亚等。

坚持不损害和有利于民族之"和"，首先要尊重民族的文化。民族形成的过程，实际上就是民族文化、民族特征形成的过程，主要包括民族语言、民族心理、民族精神、民族经济、民族生活习性、文学、科学、艺术、哲学、宗教、风俗等。各民族在长期的历史发展过程中所创造形成了世界丰富的文化，任何文化与文化创造都是以民族与民族社会为根基的，没有民族社会生活的沃土，文化便无由生根。但同时在民族文化的内部结构中，存在着多种多样的背景，由于历史的、现实的和民族自身形成发展中的原因，都可能导致民族交流上的矛盾。

正如马克思主义民族观所讲的：各民族有先进与落后、大与小之分，没有贵贱、优劣之分；民族关系要求坚持民族平等、团结，这样才能有利于民族的发展繁荣；压迫其他民族的民族是不能自由的，不能获得解放的；各民族无产阶级和劳动人民的团结和联合斗争，是无产阶级革命取得胜利的基本保证。同样，各民族的团结是社会主义建设事业取得胜利的基本保证，在统一的多民族国家中尤其如此。马克思民族观指明一个道理，即带有民族歧视看问题势必损害民族团结，只有与各民族紧密结合起来，才能有利于民族进步和世界进步，这充分体现了"不损害和有利于民族发展"的国家治理思想和民族治理原则，对世界很多国家产生了重要影响。

对于中国而言，自古就是一个统一的多民族国家，数千年来，曾有许多民族活跃在历史舞台之上。经过长期的融合和发展变化，最终形成今天汉族和55个少数民族共存的局面。中国共产党历来十分重视民族和民族问题，无论是在领导中国人民争取民族独立、民族解放的革命战争年代，还是在进行社会主义建设的和平时期，始终把解决我国的民族问题，把尊重、团结和帮助各族人民共同发展繁荣作为新民主主义革命和社会主义建设的一个重要组成部分。并在长期的革命和建设过程中，创立和发展了具有中国特色的民族理论和民族政策，如民族平等和民族团结政策、民族区域自治政策、少数民族地区社会改革政策、少数民族人口政策、加快发展少数民族经济建设政策、培养和使用少数民族干部政策、尊重和发展少数民族语言文字的政策、尊重少数民族风俗习惯的政策、宗教信仰自由政策等等。从世界范围来看，中国的民族问题处理得最好，中华民族因56个民族间平等、友爱、团结、互助而辉煌、灿烂。

第三节　坚持不损害和有利于人民"和"之法

人民，是指以劳动群众为主体的社会基本成员。在不同的国家和各个国家的不同历史时期，虽然人民有着不同的内容，但在人类历史的发展进程中，人民始终是推动历史前进的决定性力量，人民的积极性、主动性和创造性在国家建设中起主导作用。

坚持不损害和有利于人民之"和"，首先体现在爱民的思想。《武王问治国之道》太公对曰："治国之道，爱民而已……利之而勿害，成之勿败，生之勿杀，与之勿夺，乐之勿苦，喜之勿怒，此治国之道，使民之谊也，爱之而已矣。故善为国者遇民，如父母之爱子，兄之爱弟，闻其饥寒为之哀，见其劳苦为之悲。"姜尚告诉周武王：治理国家的方法，就是怎么去爱子民罢了。给子民利益不加害他们，让他们成功而非失败，让他们活下去而不要杀害他们，给予他们而不是抢夺他们的东西，给予他们快乐而不是痛苦，对他们和颜悦色而不要怒目相向。这就是治理国家的方法，让百姓有合宜的道德、行为，怜爱他们。

坚持不损害和有利于人民之"和"，还要体现在富民的思想。《管子·治国第四十八》"凡治国之道，必先富民。民富则易治也，民贫则难治也。奚以知其然也？民富则安乡重家，安乡重家则敬上畏罪，敬上畏罪则易治也。民贫则危乡轻家，危乡轻家则敢陵上犯禁，陵上犯禁则难治也。故治国常富，而乱国常贫。是以善为国者，必先富民，然后治之"。但凡治理国家的方法，必须首先使百姓富裕起来。百姓富裕就容易统治，百姓贫穷就难以统治。太平无事的国家中（百姓）长久富裕，动乱多事的国家中（百姓）长久贫穷。因此，善于治理国家的人，必须首先使百姓富裕起来，然后才能更好管理国家。管子是东周春秋时代齐国的政治家、哲学家、军事家，他的这套"富民"治国之道，对中国后世统治者产生了重要影响。

中国是人民民主专政的国家，人民是国家的主人。在我国社会主义时期，一切赞成、拥护和参加社会主义建设的阶级、阶层和社会集团，都属于人民的范围，国家从法律、制度和物质上保障人民的主导作用的实现，比如参政议政的权利、劳动的权利、社会保障的权利、义务教育的权利、民生保护的权利、社会文化的权利、宗教信仰的权利等等，只要利于人民安居乐业、健康幸福的事业，就大力推进。习近平总书记在接受俄罗斯电视台专访时说："我的执政理念，概括起来说就是：为人民服务，担当起该担当的责任。""人民对美好生活的向往，就是我们的奋斗目标。""作为国家领导人，人民把我放在这样的工作岗位上，我就要始终把人民放在心中最高的位置，牢记责任重于泰山，时刻把人民群众的安危冷暖放在心上，兢兢业业、夙夜在公，始终与人民心心相印、与人民同甘共苦、与人民团结奋斗。"

第四节 "三个不损害"和"三个有利于"的培育

"三个不损害"和"三个有利于"，要靠执政者和民众双方面培育形成。执政者，主要是建立以"和"为本、以"和"为道的执政文化；民众，主要是形成良好的道德素养和民族信仰。

在执政文化方面，中国执政者的"八贵"理念具有代表性：一是政贵有恒。驰而不息，锲而不舍，咬定青山不放松。二是政贵自信。坚持道路自信、理论自信、制度自信和文化自信，沿着中国特色社会主义道路阔步前进。三是政贵务实。"识民情、接地气"，一切从实际出发想问题、作决策、办事情。四是政贵在行。把更多的精力、功夫和更大的本事用在落实上。五是政贵统筹。综合平衡，突出重点、带动全局。六是政贵以严。从严治党，铁腕反腐，干部清正、政府清廉、政治清明。七是政贵尚贤。"尚贤者，政之本也。"用干部作风带动党风和国风。八是政贵引导。"把意识形态工作的领导权、管理权、话语权牢牢掌握在手中"，引导民族凝聚力和向心力，确保政党前途和国家长治久安。

以上"八贵"充分反映了国家利益高于一切、民族利益高于一切、人民利益高于一切的治国文化，因"不损害"而开道，因"有利于"而得道。一言以蔽之，治国大道，在"和"！"和"平天下！

对于民众而言，则要加强道德素养建设和民族信仰普及。要把热爱国家、热爱民族、热爱人民的品质作为民众基本的道德素养加以培育，教育引导民众把对国家、民族和人民的感情体现在勤学苦练、无私付出和追求进步的行动上。我们的国家需要更多像孔繁森、焦裕禄、任长霞这样的好干部，需要像雷锋、张海迪、李素丽这样全心全意为人民服务的行业标兵，农林牧渔、科研技术、文化艺术及广大的服务业领域，祖国各条战线都需要具有国家情怀和民族信仰的工作者，每个人自愿将个人命运与国家命运紧密联系在一起，并用毕生的精力为之而奋斗，那么整个国家就充满了克服困难、创新务实的力量，我们的生产力水平因此得到飞跃和提高。千千万万个人好，国家民族才会好，这就是"和"的力量，"和"平天下！

组织篇

组织，因全球治理、国家管理和社会发展需要而设立。

组织，以共同目标将不同个体凝聚起来形成统一集体。

组织，需要成员共同围绕组织目标展开有效的工作。

组织，和谐的组织关系，促进组织的健康发展。

牵一发而动全身——可怕的组织疾患……

1995 年 2 月 27 日，英国某知名银行因经营不善而倒闭。消息传出，立即在亚洲、欧洲和美洲多地的金融界引起一连串强烈的波动。东京股市英镑对马克的汇率跌至两年来最低点，伦敦股市也出现暴跌，纽约道琼斯指数下跌了 29 个百分点。令人震惊的是，引起这样一个知名银行倒闭的原因，出自于一个普通的证券交易员长期进行欺诈行为，他对电脑会计系统做了手脚，导致这家银行蒙受了 8.6 亿英镑的巨额亏损，从而破产倒闭。

组织成员对组织整体的发展看似微不足道，实则往往关乎成败。有这样一个经典案例：某公司董事长为了振兴公司事务，许诺自己将早到晚回，以身作则。有一次，他看报看得太入迷以至忘了时间，为了不迟到，他在公路上超速驾驶，结果被警察开了罚单，最后还是误了时间。这位董事长愤怒之极，回到办公室时，为了转移别人的注意，他将销售经理叫到办公室训斥一番。销售经理挨训之后，气急败坏地走出董事长办公室，将秘书叫到自己的办公室并对他挑剔一番。秘书无缘无故被人挑剔，自然是一肚子气，就故意找接线员的茬儿。接线员无可奈何垂头丧气何地回到家，对着自己的儿子大发雷霆。儿子莫名其妙地被父亲痛斥之后，也很恼火，便将自己家里的猫狠狠地踢了一脚。这是管理学上著名的"踢猫效应",也是很多企业组织生存状态的生动写照!

组织"不和"的原因,无外乎利益、权力的争夺、管理机制的不完善、组织文化低俗。组织成员出现矛盾纠纷,则影响到组织的工作效率、工作质量、发展速度及人才培育、团队建设,轻者"感冒咳嗽",重者"伤筋动骨"。

窥一斑而知全豹——可叹的组织人前程……

办公室里,张三随口说了一句与工作无关的话,李四搭了话,王五听到后忍不住插了一句,忙得不可开交的赵六却烦躁了:要专心处理紧急任务,但同事们的聊天影响了工作,自己不是领导说他们不合适,不说他们的话又完不成任务,于是心里就抱怨起来,"凭什么别人在聊天,我要埋头工作?"像这样的"小事",几乎每天都在不同组织上演,像吃饭睡觉一样稀松平常。女员工的话题总是围绕"老公、孩子、美食、服装、化妆品以及某某某"打转,而且永远说不完;男员工则飞快地转换着角色:联合国秘书长、国家领导人、球赛裁判或啦啦队长、世界小姐的评选等等。闲聊不可能是一个人,肯定是几个人,影响不仅一个人的工作,几个人工作效率都不高,况且"说者无心,听者有意",闲聊的内容可能会让人误解,滋生莫须有的情绪,导致人际关系出现矛盾和冲突。

小张大学毕业,经历了层层选拔,过五关斩六将,终于成为某单位的一名职员。但他的领导一开始就对他颐指气使,每天小张一进办公室,就被他吆喝着干这干那,所有跑腿的、动脑的、动手的事都由小张一个人完成,领导只负责吩咐、验收和签字。七年,每天都如此。上班做事,虽然累,都是分内之事，倒也没有什么好抱怨的，小张苦恼的是领导不能教他什么，他对工作提出合理化建议，却总是被无情地打击。有人积劳成疾，小张说害怕会积郁成疾……

这些案例都反映出组织中的各种不"和"

为何相处这么难，你对他真心他对你未必诚意，说者无心听者却产生歧义。放下碗就是牢骚，谁敢批评就针锋相对，人际关系太难搞！

为何沟通出问题，上级精神下级难以领会，下级情绪上级不能觉察，公说公有理婆说婆有理，按下葫芦浮起瓢，管人理事不容易！

为何效率那么低，工作本该一天完成结果两天都不行，任务本该一人担当结果两人都担不起，十人成众百木成林，团队凝聚真可贵！

一幅代表无数组织的工作画面，一个代表众多职员的故事和心声！如何培育良好的工作氛围？如何将所学用在岗位？如何与顶头上司和谐相处？如何获得领导的帮助和信任？如何让理想抱负保持如初？窥一斑而知全豹！几个人的烦恼仅仅是沧海一粟，很多组织也在上演"不和"的雷同一幕！可叹的组织人前程，有多少人因为各种"不和"，忍痛放弃了最初的选择，消极悲观、郁郁寡欢、尸位素餐！

国家建设需要人才！人才需要用武之地，需要良好的发展环境！"和"则利于选贤用能风气的形成。组织"和"利于管鲍之交佳话的演绎！组织"和"利于伯乐和千里马脱颖而出！组织"和"利于国家政策落实与组织效率提升！组织"和"利于伟大事业薪火相传！如若"不和"病毒会在上级与下级之间、同事与同事之间蔓延，人才会被泯灭，热情会被泯灭，创造会被泯灭，组织发展的希望会被泯灭，国家美好的蓝图会被泯灭！

组织"不和"如不及时清除，对生存和发展影响巨大！正所谓"病在腠理，不治将恐深"。

据国家工商总局《全国内资企业生存时间分析报告》数据显示：中国企业的平均寿命较短，近半数企业成立后 3—7 年则进入瓶颈期、危险期。中国民营企业平均寿命仅 3.7 年，中小企业平均寿命只有 2.5 年，而小微企业死亡率更高，存活 5 年以上的企业不到 7%，10 年以上的企业不到 2%。而在德国，约占企业总数 99% 的中小企业，贡献了约 54% 的增加值，拉动了 62% 左右的就业。

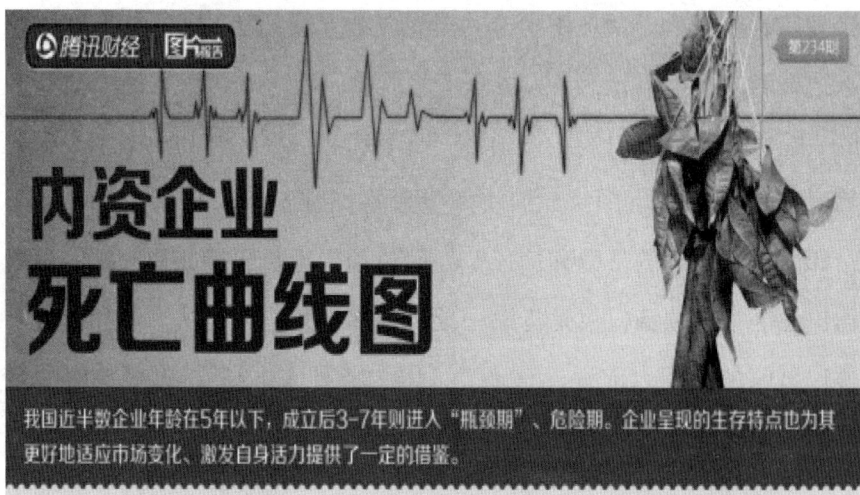

近半数企业年龄不到五岁

国内企业总体呈现比较年轻化的特点，1岁以内、1到2岁、2到3岁的企业均占总数的10%以上。

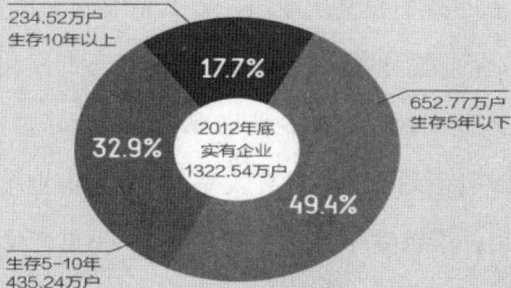

234.52万户
生存10年以上

17.7%

652.77万户
生存5年以下

2012年底
实有企业
1322.54万户

32.9%

49.4%

生存5-10年
435.24万户

三到七岁是"死亡"高发期

我国企业在第3-7年则为退出市场的高发期，一旦度过"七年之痒"，死亡率开始有所下降。

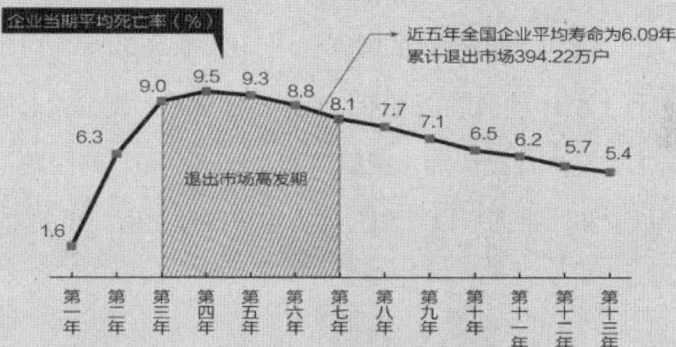

企业当期平均死亡率（%）

近五年全国企业平均寿命为6.09年
累计退出市场394.22万户

9.0   9.5   9.3
6.3   8.8   8.1
                             7.7   7.1
退出市场高发期   6.5   6.2   5.7   5.4
1.6

| 第一年 | 第二年 | 第三年 | 第四年 | 第五年 | 第六年 | 第七年 | 第八年 | 第九年 | 第十年 | 第十一年 | 第十二年 | 第十三年 |

东中西部地区企业寿命众数均为三年

各个地区的国内企业寿命众数基本都为3年，即企业成立后第3年死亡数量最多，死亡率达到最高。

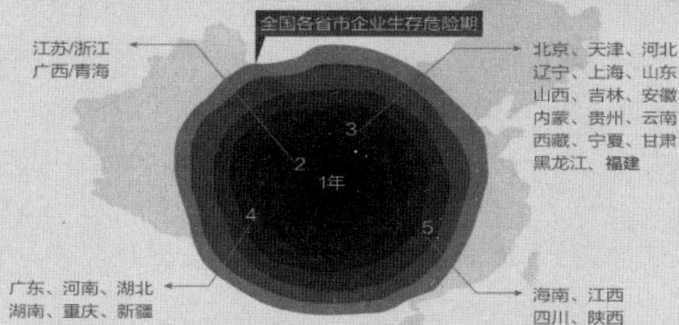

全国各省市企业生存危险期

江苏/浙江
广西/青海

北京、天津、河北
辽宁、上海、山东
山西、吉林、安徽
内蒙、贵州、云南
西藏、宁夏、甘肃
黑龙江、福建

3
2
1年
4   5

广东、河南、湖北
湖南、重庆、新疆

海南、江西
四川、陕西

137 ◀

我国民营企业生存不良大多因"不和"所导致，具体表现在：战略规划不清、人员素养参差不齐引发高层矛盾，要么企业处于"三不管"，要么一窝蜂"乱弹琴"；企业文化不良、低俗文化盛行、责权利不合理、绩效考核出现偏差引发人员内耗。有的企业出现了"端碗骂娘"的多，"磨刀上阵"的少，人员没有干劲，生产没有效率，销售没有业绩，产品没有竞争力，企业入不敷出，难以生存，被市场淘汰自然不可避免。

和，组织生命之源！

组织"和"，则利于世界管理、国家管理、社会管理进步，利于行业创新、实业进步，利于整体社会经济发展。组织"不和"，则会给行业、国家、世界乃至全人类造成连锁惨痛。组织"和"与"不和"的问题不容轻视！痛则不通，以"和"来通！以"和"作为组织治理之道，事关重大！

第十章 "和"为组织管理之道

一、"和"为组织管理之道，体现组织的管理特征

组织，因世界治理、国家管理和社会发展需要而设立，按区域分为国际组织、国内组织；按层次分为国家组织、社会组织；按性质分为政府组织、公共组织、企业。无论哪一种组织，都是由不同个体以共同目标凝聚而形成的统一集体，需要组织人共同围绕组织目标展开有效的工作。"和"理念的组织管理之道，概括起来有以下四个方面：

一是组织因担负世界、国家、社会管理和发展的使命而存在，承担使命需要组织与世界"和"，与国家"和"，与社会"和"。

二是组织由人组成，有人的地方就需要思想与行动的统一，统一思想和行动需要组织凝聚内部之"和"，协调外部之"和"。

三是组织具有共同目标，实现目标需要有效协调各种信息和资源，这是组织效率的基础，组织要建立与每一个环节的"和"。

四是组织是一个集体，规范管理和统一运营是一个动态持续的过程，

这是组织发展的关键，组织需要机制与组织人的"和"。

二、"和"为组织管理之道，体现组织的管理水平

对于公共组织而言，"和"的理念利于推进世界、国家、社会管理思想，更好地承担管理责任和使命，为其他组织做好服务，与各方面工作形成衔接。"不和"往往会造成政令不通，上下脱节，内外不畅，甚至有时因为局部问题引发更深层次的问题，引发大的社会矛盾，对国家或者世界治理造成不利影响。

对于企业组织而言，"和"则利于树立良好的社会道德观念、社会公众意识和社会公益形象，利于有效整合和最大化运用各种外部资源；利于内部统一思想，建立战略规划明确、责权利清晰、绩效分配合理的内部管理体系，形成具有凝聚力和战斗力的组织环境，培育优质的产品和服务。"不和"则不利于统一思想和行动，不仅企业内部容易出现各种经营和管理问题，而且易引起外部关系的紧张，造成供应、生产、销售等各个环节的脱轨，人心散乱，内忧外患凸显，十分不利于组织发展。

三、"和"为组织管理之道，体现组织的能力培育

组织因使命存在，组织使命由组织人承担，组织人"和"则组织运行顺畅，组织获得生存和发展。组织人"不和"则机制无法贯彻，工作无法展开，结果无法保证，组织精力内耗、低效和死亡。营造组织"和"的氛围，是组织管理者的重要能力。组织之"和"，是管理者的第一必修课！

第一，与组织"和"。有强烈的进取心、责任感和工作自觉性、创造性，能够站在组织发展的角度，善于发现和发挥新的思想方法和工作方法，具有全面思考、认识、分析、解决纷繁复杂问题的能力。

第二，与团队"和"。有正直的人格，不贪婪、不狡诈、不存私心，能以客观、开放的态度吸取别人的建议及反馈，有良好的表达和交流能力，带头和激发周围人的热情，使他们团结一心、协调合作。

第三，与外部"和"。根据发展需要，为所在的组织尽力建立外部关系，遵循诚信、务实的原则，维护组织原则，平衡各方利益，构建和谐的公共关系、人际关系，获得发展过程中丰富的资源条件。

"和"为组织管理之道，亦为组织能力之要。组织想要达到目标，就必须通过文化培育、机制保障、团队建设，最大限度减少组织对于核心管理原则的偏离，最大限度减少组织人的无谓内耗，使组织人学会与内部人和谐相处，与外部人合作共事，如此才能事半功倍。

第一节 "和"为凝聚之道

以"和"凝聚每一个组织人的理念、态度、作风、力量，相当于用"健康"把人体的五脏六腑和经络血脉进行统一。组织就像是人的肌体，组织人就是组成肌体的细胞。肌体的健康靠细胞，组织的发展靠组织人。组织人与组织一荣俱荣，一损俱损。只有把每一个细胞的重要性高度重视并紧密凝聚起来，组织才能健康，组织目标才能实现。

"和"为凝聚之道，一方面指"外部之和"的凝聚，另一方面指"内部之和"的凝聚。经过多年研究笔者发现，"外部之和"主要是一个组织的核心价值观和组织人的处事能力技巧问题，其中组织的核心价值观以利于世界、利于国家、利于社会为出发点（本篇第三章进行详细阐述）。"内部之和"主要存在三个方面的制约因素，一是私心和自我问题，二是内耗问题，三是过客现象问题，这三个问题给组织带来很多"不和"的负面影响，具体如下：

一、私心和自我问题导致的"不和"

私心和自我是组织发展的负能量，不仅是制约个人发展的根本原因，也是组织不能进步的最核心的矛盾根源。

首先，私心和自我导致了私与公的"不和"。私心和自我扭曲了人们的正常心理，使人们不能站在正确的立场看待问题，人人只想为我，不思我为人人；只想向国家集体他人索取，不思我为他人集体国家贡献。如此使得一个组织、集体不能形成自己的凝聚力，不能具有统一的精神和尊严。私心作祟，自我意识主导，使每个人都不为组织长远利益着想，不能站在组织的高度，审视组织的发展策略和方针路线，不能正确制定组织的发展举措，不能关心组织的未来命运，不能形成组织的核心竞争力；反而可能使组织内部矛盾不断，争端不止。只有私心没有公心，人与人就不会有统一的目标；只有自我没有集体，就没有集体的力量和集体的发展。一个组织犹如一盘散沙，不能形成自己的凝聚力，又何谈生存和发展？这是私心和自我导致的组织人与组织的"不和"。它影响组织的集体力量不能超越个人力量，使组织管理陷入恶性循环，十分不利于组织各项工作的展开。

其次，私心和自我导致了人与人的"不和"。私心和自我限制了一个人的视线和眼光，使其看不到别人的优点和长处，反而专注于他人的缺点，导致相互之间不能相互理解、包容、尊重、协作，彼此互相掣肘，认为人人不如自己，没有值得借鉴的长处，人与人之间不能相互学习，从而每个人都不能进步。每个人都埋头于自私和自我之间，就会影响人与人之间的关系，人与人之间没有良好的关系，就会失去同事及合作伙伴。无论谁遇到困难，其他人不愿意伸出援手，人与人之间不能真诚合作，组织群体只是群聚而非凝聚，每个人只能共同存在而不能共同发展，只能安于现状不能获得全面和长足的进步，从而影响了整体的利益最大化，这是因私心和自我导致的组织人之间的"不和"。它影响组织形成了就像"拔河"一样的两股力量，分别朝两个方向使力，谁也不能获得前进，对组织发展造成很严重的制约。

再次，私心和自我要靠"和"来解决。必须使组织人认识到集体的重要性，认识与集体和谐相处的重要性，才能解决私心和自我问题。个人的力量很渺小，只有形成一个集体，才能集中力量披荆斩棘。既然身在一个集体，就要维护集体的存在感，而不是自己的存在感。此时，就要求公心大于私心，集体高于自我。公心大于私心才能更好满足私心，集体高于自我才能更好满足自我。所以人人要认识到与组织和其他组织人之间存在作用与反作用的力量，学会融入和建立组织的"和生态"，以利于个人这棵"独木"的参天成长。

二、内耗问题导致的"不和"

内耗让组织失去了正常的秩序，产生了组织的内部斗争，虽然没有硝烟，同样危害严重，甚至也会导致暴力冲突。

首先，组织观念、机制、习惯等"不和"引发的内耗。这包括：一是没有团队意识。组织是貌合神离的简单聚集，组织人也只是一帮乌合之众，毫无战斗力可言。二是没有大局意识。组织内帮派众多，山头林立，只谋取小团队的发展利益，不顾及整个组织的发展。三是面子文化。有矛盾不当面解决，表面上笑脸迎人，一团和气，背地里搞小动作，暗箭伤人。四是重人轻法。重人情轻法度，重管人轻管事，不同的管理者有不同的人情脉络，产生内耗。五是配置不当。不同部门虽然所需资源不尽相同，但是配置差别悬殊，导致攀比心理，产生内耗。六是分配不均。分配方式比例不合理，产生消极心理，甚至人为制造矛盾。七是赏罚不公。由于管理者疏忽或个人喜好，导致同功不能同赏，同过不同处罚，使人心生怨愤，产生内耗。八是权责不清。依仗权势胡乱发号施令，出现问题随便找人承担责任，争功诿过，争权推责，导致互相陷害互相扯皮。九是晋升不明。没有明确的晋升标准，使候选人争相讨好上级，彼此明争暗斗。十是制度不严。没有严格的管理制度，总会有人冒出来想投机钻空子，也难以约束制造内部矛盾的人，使组织内耗任意蔓延。

其次，内耗形成组织"不和"引发的组织生存危机。一名员工工作不久就辞职了，一台新机器没用多久就报废了，一个企业没过多久就倒闭了，为什么？内耗严重。内耗是一种潜在的病毒，从内部瓦解组织的战斗力，让组织看起来虽然表面光鲜，却是金玉其外败絮其中；也是一种慢性病，虽然一时不会危及组织存亡，但会慢慢腐蚀消磨组织的生存力，就像一个隐形杀手，难以发现不易解决，却易于攻破组织最核心的力量。正如事物的内因决定事物的性质和存亡，内耗也是决定组织存亡的关键，远比外部竞争对组织的冲击要大得多。

再次，内耗要靠"和"来解决。必须让组织人认识到斗争的严重危害性，使人失去了良好的工作心情，无心专研工作，致使工作效率无限降低，违规违纪问题随之出现，有可能造成严重的工作失误，使曾经的努力前功尽弃；而且给人际关系披上一层雾霾，同在一个"屋檐下"，低头不见抬头见，与人相处不好，在遇到困难的时候没有人伸手，陷入孤独无助的境地，人生很可悲。只有引导组织人学会团结人，凝聚人，与人和谐相处，才能遇到凝神聚力，才能避免意气用事，才能预防危机产生，才能更好建设和维护组织和个人双方面的利益。

三、过客现象问题导致的"不和"

过客现象是在我国的一些组织特别是很多企业里常见的现象。这里指员工、管理者的频频跳槽。这种现象具有两个明显的特征：一是绝对短暂性，二是相对独立性。因为组织人与组织从心理到行动的矛盾，引发组织的诸多"不和"。

首先，过客现象引发"不和"导致个人发展受阻。对于个人来说，有了"过客"心理，就不会安心工作，与组织之间各算各的账，各走各的路，彼此不相关，工作不可能有热情，有创新，有成绩。同时，一份工作从了解到熟悉再到精通，大概需要2—3年时间，如果尚未真正掌握前一份工作，就开始了另一份工作，就如狗熊掰苞谷，得到的永远不是最好的，结果可能永远是最差的，个人发展始终找不到立足点和发力点，导致一生业绩平平，没有成就，发展受阻。

其次，过客现象引发"不和"导致组织发展损失。对于组织来说，人力资本是企业最大的资本，人才是企业最重要的生产要素。个人过客心理不但不利于个人发展，还给组织管理、发展和社会经济进步带来不利影响，使企业没有稳定的团队，不能集中精力谋发展。管理者经常变动，导致管理方式不稳定，政策变动频繁。同时，人员频繁流动会造成企业经济损失和管理"低效"，第一，表现在增加招聘、培训新人的成本。第二，新职员不熟悉工作会降低工作效率，中高层管理者的变动则会影响到更多人员的工作情绪和管理效率。第三，一些缺乏职业道德的"过客者"会给组织造成更大流失，有的损公肥私，利用管理者的职权趁机大捞一把，然后一走了之；有的人则是窃取商业秘密，盗走核心技术，带走客户名单，然后另起炉灶或出售给他人，这些对于任何组织都是致命的打击。

再次，过客现象要靠"和"来解决。必须培养组织人和组织共同和谐相处的观念。一是长远目标的和谐树立。人没有远大的理想就不会有所成就，同样组织没有宏伟的目标也不会有长足的发展，组织目光浅短，就会导致组织人做"过客"的现象。只有把眼前和长远利益统一起来，才能达到共赢的目标。二是合作关系的和谐建立。要规避用人的临时观念，培养组织人的主人翁精神。短期"打工"心理不利于"忠诚度"培育和职业技能提升，有进取心的人看到前景渺茫，自然不愿屈居于此，只好另谋出路以求发展。坚持做到组织和组织人长期共同发展，"过客"就会停下脚步，在这里安营扎寨，那么组织强大也就不再遥远。三是组织人和谐心理的疏导。帮助组织人树立崇尚事业的正确价值观，使人不去盲目追求物质，急功近利，规避仓促就业的浮躁心理。在科技飞速发展的时代中，能够坚持学习，保持进步，迎难而上，努力拼搏，而不是面对压力就轻言放弃，频繁跳槽换单位。

以上关于私心和自我问题、内耗问题、过客现象问题得到解决，组织内外部之"和"都会发生质的提升，内外部两个力量推动，组织的发展会得到全面保障。

第二节　"和"为高效之道

以"和"促进组织人快速、持久、全面发展，在有限的时间内高效、优质地工作，这就是组织的高效之道。唯有高效率，才能保证组织目标达成的优良性，这是组织的基本"情怀"。

"和"的反面是"不和"，高效的对立面是低效。组织效率低下的根本原因在于组织管理水平低下，主要表现为：组织目标不明确、决策性失误、计划落实不到位、约束机制失效、工作过程脱节、资源配置浪费、组织文化混乱、组织人积极性不高、管理者权力滥用，组织活力低下，竞争力不足等。这其中通常离不开人为因素，包括：管理者思想认识不高，工作中不会统筹，与被管理者发生矛盾，任务难以上传下达，组织执行力降低；员工与员工不"和"，造成情绪化、内耗、工作不配合、不协作；组织人与外部关系不"和"，造成公共关系紧张，工作难以开展，这些都属于人为"不和"导致的组织低效现象。

人的问题，需要通过提高人的素质来解决；组织高效，需要通过培育组织人共同构成的组织之"和"来实现，主要有以下几个方面：

一、管理者的管理理念、能力因"和"而高效贯彻

根据马克思经济学原理，商品实现利润最大化的有效方法就是降低必要劳动时间或延长剩余劳动时间。降低必要的劳动时间的途径是提高劳动效率，提高劳动效率的前提是提高工作的熟练度，也就是提高人力资源管理能力。较高的管理水平，带来企业的高效运行；较低的管理水平，降低企业的效率与效益。如果管理者管理水平高，就能够提高工作效率，就可以避免很多低效问题发生。

管理者的管理理念、能力，不仅关系到组织文化、战略和管理方向的制定，同时体现在人力资源管理的各个环节，如果把每一个岗位的人选对，使人才符合岗位要求的标准，辅以培训、使用、激励等手段留住人才，不断提高人的积极性和工作技能，这样就可以提高人的工作效率，降低必要劳动时间，减少组织内耗，减少不必要的浪费，降低组织成本，获得组织高效。

二、组织人的工作观念、行为因"和"而高效体现

组织人的工作观念、行为决定组织是否有和谐的发展环境，决定组织走向高效或者低效。据笔者研究发现，很多组织存在的低俗文化导致的组织"不和"和低效，比如：拉帮结派、内部斗争、花边新闻、小道消息、不良行为等，负面情绪往往一个人影响到几个人，使大家的情绪受到影响，表现在个人工作中就是无法专心，或无视组织整体利益，制造内部摩擦和矛盾，妨碍他人发展，影响整个团体的合力，组织效率因此降低。这种组织内低级、庸俗的文化，笔者称为"低俗文化"，是组织和谐的最大"克星"，也是组织执行力的"绊脚石"。

组织人的工作观念和行为对组织绩效的影响主要体现在执行力上。试想，没有执行力，组织效率哪里来？即使宏伟的蓝图，先进的模式，周密的计划，完善的制度，最终被束之高阁难以实现。现实证明处于激烈竞争中的企业，有时不是死于市场竞争，而是死于没有执行力。执行力是什么？笔者曾提出"服从就是执行力"，没有服从，任何良策都是空话；没有服从，任何法律都是空文；没有服从，再好的统帅也无法改变战局！服从是管理绩效的第一要素，但关键一步是，没有上下级的"和"，就没有服从，更谈不上组织高效！

三、组织的文化、战略因"和"而高效实施

组织的文化、战略对于管理者的主张与能力、组织人的观念与行为具有统领和导向作用。良好的组织文化渗透在组织的战略和管理体系中，也影响着组织人的思想观念、价值观和行为举止。组织战略则为组织人明确了前进的方向和目标，使组织管理章程有了依据。组织流程、规范、制度及权责利划分是否合理、科学、可操作？组织的信息传递渠道是不是通畅，

组织人能不能保证及时有效沟通？组织内部是不是存在错综复杂的人际关系？组织管理者是不是具备必要的管理能力与综合素质？组织是不是教育和培养每一位成员使之主动提高工作能力和基本素养？组织的文化、战略有利于解决好这些问题，解决好这些基本的问题，组织环境就会和谐高效。

组织的文化、战略可以帮助组织将制约绩效的不利因素向有利的方面转化。有人说："我们低效不是管理上的问题，而是没有先进设备和一流的技术。"如果管理水平上去，这个硬性的问题就会得到解决。如果公司的设备和技术来自于购买，就需要一定的资金，而高水平的运营管理可以使公司更多更快地把产品转化为利润，使资金得到储备。如果公司的设备和技术来自于自身的研究，就需要一定的创新，创新又来自于人的主观能动性和积极创造性，这时又需要组织文化战略的组织之"和"大显神通。

综上看出，组织要生存和发展，必须效率最大化；而效率最大化，根本因素是组织之"和"的培育与形成。唯有如此，组织内外上下关系和谐，成员团结协作，人的作用最大发挥，才能使组织发展需要的一切资源条件充分盘活，组织高效得到保证。

第十一章 "和"为组织管理之策

实践证明，无论组织机制的建立，还是组织人的建设，把"人作为生产力最活跃的要素"放在组织管理首位，把"调节人与人之间和谐相处、高效配合"作为组织管理的重要策略，那么组织就赢得了基本的成功条件。"和"为组织管理之策，主要包括以下四个方面：

"和"为战略之策，使组织拥有凝聚组织人同心同德走向兴旺的方向和目标。

"和"为文化之策，使组织拥有统一组织人思想、观念以及价值观的基因。

"和"为责权之策，使组织拥有协调组织人行动和发挥组织人才智的力量。

"和"为运营之策，使组织拥有发动组织人打造竞争力以及发展力的工具。

第一节 "和"为战略之策

"和"为战略之策，组织战略规划应遵循和保持组织之"和"。

在中国，"战略"一词历史悠远，"战"指战争，"略"指谋略，战略原指军事将领指挥军队作战的谋略。春秋时期孙武的《孙子兵法》被认为是中国最早对战略进行全局筹划的著作。后来"战略"逐渐演变成泛指一定历史时期，统领性的、全局性的、左右胜败的谋略、方案和对策。可见，战略具有的"统领性、全局性"两个特点，正是组织管理实施中所需要的号召性、凝聚性，即"组织之和"的来源。

如果组织"不和"，往往会导致战略的制定或实施出现偏差。高层之间意见不统一，拍脑袋决策，导致分歧、矛盾、争吵、议而不决。管理层目标不清，工作没有长远规划，导致不作为、乱作为或者管理无方、指挥不力。员工对企业的没有信任感、目标不清、前途迷茫，没有全局观念，得过且过，只看重眼前利益，导致过客思想，工作不安心、不积极、不愿意付出，缺乏工作的原动力、没有主动思考创新工作的能动性，没有与企业捆绑发展的职业规划等等。这些问题存在，不利于组织生存和发展。

因此，"和"为组织战略之策，这主要包含以下三个方面含义：

一、注重战略目标制定的全员性

组织的发展，对外与世界、国家、社会息息相关，对内与组织每一个人密不可分。一个组织的目标是全体组织人的目标，当组织的目标仅与部分人有关系的时候，那么另一部分人就会形成落差，组织的不和谐现象就会发生，严重的会形成派别矛盾和斗争，这对组织的伤害非常严重。所以，组织战略目标的制定必须考虑组织和谐关系的建立，要具有社会性、公正性、号召性和凝聚性，组织目标要足以让组织人引以为荣，要激发组织人为组织目标奋斗的激情和动力，将每个人的聪明才智发挥出来，建设繁荣强大的组织。

二、注重战略规划制定的阶段性

战略目标不是一蹴而就的，如果长时期不能实现目标，组织人的信心就会受挫，严重的会引发组织内部的不稳定，如思想的不稳定、人员的不稳定。所以战略规划制定要注重阶段性，注重不同阶段对组织人思想和行为的统领性，即终极目标之下，还要设立阶段性目标，五年十年的长期发展规划与一年两年的短期发展规划相结合。阶段性发展规划中，要有阶段性目标和目标实现后组织人的受益规划。这样组织人不仅对组织未来蓝图很清楚，而且因阶段性规划对近期任务也很清楚，特别是对完成阶段性任务所获得的个人发展也很清楚，所以工作会更加充满信心，团队会更加团结和充满活力，组织也就更加凝聚和充满希望。

三、注重战略实施过程的合理性

有了合理的战略计划，还要围绕战略目的以及计划所需，做好充分的战略准备。人力是否到位、物力是否齐全、财力是否充裕，都是必须认真落实的。战略准备是战略管理的中间环节，有承上启下的作用。战略准备不到位，上会使战略制定无法落实，下会使战略实施起来如做无米之炊。准备充分就相当于战场上有了有力的武器，解除了后顾之忧。计划与准备工作完成后，就要进行战略实施。战略实施是围绕战略目标，根据前期制定的战略计划和各时期战略准备情况，统筹安排各组成要素的过程，是实现目标的重要环节，无论是哪一个环节出现小小偏差，都可能会因失之毫厘而谬以千里。所以战略实施过程中一刻也不能放松对组织人最大力量的凝聚，要发挥一切力量善始善终，扶正祛邪，发现不足的地方及时改正。

综上所述，若使"和"贯穿于组织战略的整个过程，必将极大地有利于组织的生存和发展。

第二节 "和"为文化之策

"和"为文化之策，组织文化建设应反映和维护组织之"和"。

人类存在的地方，必有活动记录、历史沉积、风俗习惯，这都属于文化范畴。文化，是人们认识自然和改造自然的物质产物和精神产物。组织文化具有六大作用，即导向作用、规范作用、激励作用、协调作用、凝聚作用和辐射作用。

组织文化之"和"体现在"内部之和"与"外部之和"两个方面。组织文化的"内部之和"，在于把组织人集中在一起，为共同实现组织目标而奋斗，对其思想倾向、行为标准、重点工作进行引导、规范，对工作中的重要环节、出现的问题给予积极协调，对组织人的工作积极性、创造性予以保护和激励，从而凝聚个人对群体的依赖感和归宿感，这种强大的文化作用可以激发出组织的团队意识，增强组织的竞争力；同时，组织文化并不是封闭的，而是随着产品、信息、人际交往和对外交流向社会产生辐射，成为社会文化的一部分，对组织具有传播作用，这就是组织文化的"外部之和"。

组织文化"不和"问题导致的结果为：组织人没有统一的价值观，没有共同遵守的处世准则，不懂合作，易制造矛盾，工作不讲效率，无视规定，自行其是，无视大局，说得多做得少，说到做不到，利用制度漏洞，不愿意承担责任，不愿意帮助他人，非正式组织的自我平衡现象，低俗文化现象等。这些问题存在，不利于组织拥有和谐稳定的关系，随时对生存和发展造成危机。

"和"为文化之策，主要体现在组织两大政治任务的落实，第一是稳定，第二是统一。组织稳定主要是组织的人心稳定，人心稳定的前提是思想稳定。组织统一主要是组织人的行为统一，行为统一的前提是观念统一。思想稳定、观念统一，与组织文化建设具有重要关系。尤其是我国的民营企业，与国有企业和外资企业相比，没有更多的资金可以利用，没有更好的技术可以支持，没有更多的人才可以应用。在这样的情况下，更加需要通过建设良好的文化环境，为团结内外部关系创造条件，从而将劣势转化为优势。如果忽视了组织文化建设，就容易出现不"和"，难以突破发展的瓶颈。

"和"为组织文化之策，具体包含以下四个方面：

一、解决为谁发展的理念问题

组织之"和"与正确的政治立场相表里。"为谁发展"是组织稳定与发展的灵魂，一个组织应该"为谁发展"？首先是为世界，为国家，为社会；其次是为领域，为行业；再次是为人民，为消费者；最后也是一定不可以忽略的是为每一位组织人。解决了立场问题，组织人就知道拥护什么，反对什么，就能准确地认识所处的环境，正确地评价周围的事物，明白什么事情该做，什么事情不该做，什么事情能做，以及事情应该怎么做，就不容易出现死气沉沉、心态浮躁、消极怠工、人才流失等现象，也自然不会听到某某董事长遭"逼宫"，某某总经理以权谋私而"落马"，某某集团高层内乱导致分裂，某某领导官僚主义严重等现象。组织人在拥护组织政治纲领的基础上进行思与想，通过思与想上升到一定高度，形成一种观点，进而有利于组织人站在同一个立场上讲话、做事。对一些偏离组织立场的思想，就很容易识别出来，通过引导教育，坚定其改正不足和不断向正确轨道靠拢的信心。如此，组织拥有了持久发展的正念、正知、正能量，也就拥有了和谐相处的环境和生产力。

二、解决职业道德的认识问题

组织之"和"与良好的职业道德相联系。职业道德是指职业人在职业活动中自觉按照职业道德原则、规范和理想进行自我教育、自我改造和自我锻炼的过程，是扫除组织发展一切思想障碍，促进组织全面健康发展的迫切需要。职业道德修养提升利于推动职业人自我完善和自觉改造，具备坚强的信念和事业心、责任感、使命感，自觉把本职工作同人民幸福、国家兴旺联系起来，严于律己，恪尽职守，促进为组织发展多做贡献的能力增长，即使在平凡的岗位上也能做出不平凡的业绩。我们看到有人自觉或不自觉地做出损公肥私、损人利己、违反组织纪律的事情，不仅断送自己的前程，而且给组织和社会造成损害，根本上是职业道德素养缺失所导致的。

针对社会转型期出现的各种思想鱼龙混杂，拜金主义、享乐主义、个人主义盛行，为金钱不讲道德、不择手段、违法乱纪、铤而走险、害人害己。笔者研究总结出"职业道德新三纲五常"，即"一切利于国家、一切利于组织、一切利于他人"为道德"三纲"，"诚信、忠诚、服从、守规、担责"为道德"五常"。以此教导组织人认识到每一个组织和个人都不是孤立存在，只有自觉维护所处的生态圈，才能拥有立足存世的健康环境；只有培育良好的生态环境，才有获得生长的机会和可能。所以，想要做国家有用的人才，必须首先考虑如何维护和建设国家；想要做组织需要的人才，必须首先考虑如何维护和建设组织；想要获得更多人的认可和支持，必须首先考虑如何为对方创造价值。这个道德"三纲五常"是组织管理和个人发展的良方，将此作为文化机制纳入管理体系，教育和引导组织人遵循道德"新三纲五常"的道理做人做事，组织和谐环境、组织发展效率和发展质量将会得到大幅度的改善和提升。

三、解决日常行为习惯的问题

组织之"和"与健康的行为习惯相作用。日常行为习惯由组织人的职业素养决定，主要体现在接人待物、礼节礼貌、言行举止、职业形象等方面，它对组织人之间的和谐相处具有重要影响。笔者曾经提出"优秀的管理者要管好自己的嘴巴""别小看一句话的闲聊""情绪化是管理者的拦路虎"等观点，都是针对大量组织人不良的日常行为习惯提出的，这些观点对组织文化建设和职业习惯培育产生了重要影响。

良好的职业习惯在工作过程中养成，也是保证工作任务和工作质量必须具备的品质。笔者曾提出"十六字沟通汇报方针""职业人应该具备的七大职业习惯"（提前到公司的习惯、清洁卫生的习惯、提前计划的习惯、开会记录的习惯、遵守工作纪律的习惯、工作总结的习惯、请示汇报的习惯）这些都是出色完成工作任务的必要前提。组织人如果不具备良好的职业习惯，就不可能与人和谐相处，组织之"和"无从谈起，职业修养无从谈起，组织发展机遇就会丧失。

四、解决组织文化落实问题

组织之"和"与持续的文化建设相促进。组织文化不可以只限于口号、标志、文字等形象工程，政治主张、道德主张、行为标准等不可以停留在文件和墙面上，而要切实体现在组织人的思维和行动上。其中组织文化建设的三个环节，无一不反映组织之"和"：一是组织人的认识层面，通过引导教育提高全员政治素养，才能起到普遍约束力，才能激发大家的积极性与创造性；二是认识转化为行为的过程，达到思想与行为的统一，主要是在倡导文化的同时，监督组织人的行为与思想符合一致性；三是行为转化为价值的过程，组织人的行为决定组织的价值，同时组织价值是组织人行为的集中体现。组织文化规范组织人行为，组织人行为体现组织之"和"，组织之"和"集中创造组织价值。

第三节 "和"为责权之策

"和"为责权之策，责权问题和与此关联的绩效问题是组织中十分敏感的问题，处理不好很容易引发组织的种种矛盾。

责权问题导致的组织"不和"问题有：人岗不匹配、责任与能力不对等、责任与权利不对等、考核不合理、绩效划分不清晰、分配不公、苦乐不均、优劣不分、推诿扯皮、揽功诿过等，出了问题谁也不承担，遇到问题没人愿意负责，因为工资多少发生争吵，因为年终奖引发斗争风波，因为滥用权力导致矛盾加剧，战略规划难以实施，经营目标难以实现。

责权问题导致组织"不和"的原因，一方面由于责权界定出了问题，或者组织构架不符合实际情况，或者缺乏足够的、匹配的人力资源，导致权责交叉，引发各种关系交织，从而产生冲突。另一方面是责任人在具体执行过程中对于责权的理解、分寸的把握不到位，导致或者有责无权，或者有权无责，工作正常开展受到影响。特别是民营企业，往往因为人岗不匹配、管理基础条件薄弱等原因，长期无法形成合理的权责利机制，影响了和谐环境的形成，这是管理的一大"痛点"。

"和"为责权之策，主要是做到以下三点：

一、平衡人与岗的关系

人岗不匹配是导致组织"不和"的根源。在日常管理活动中，由于各层管理者不能把自己管理的事务及人员达到企业组织要求的标准上来，这时就会出现：一方面，上级责怪下级，下级埋怨上级，你说我不对，我说你不对，从而导致内耗产生，使合作变得困难。另一方面，当下级不能承担权力所对应的责任，上级管理者不得不插手，或者调配其他人员插手，下级就会感觉到上级对自己不信任或不重视，心里产生不舒服，情绪出现波动，抵触心理增强，工作激情下降，为了证实自己能力，或者维护自己的地位，甚至与上级不配合，与同事不协作，设置各种障碍来阻碍别人，结果导致人际关系更紧张，工作效率也更低。

责权绩效建设必须注意组织之"和"的维护。要特别注意人岗匹配问题，把符合岗位标准要求的人放在可以发挥作用的岗位上。如果没有符合岗位标准的人，宁可空缺也最好不要降低标准配备，以防引发人岗不匹配带来的矛盾。对于民营企业和中小企业组织而言，则可以采取因人并岗，或者一人多兼等方式来做暂时平衡。

二、平衡权与责的关系

权与责历来是组织管理的双刃剑，"和"因为它，"不和"也是因为它。一方面是对责权界定的问题。由于对责任界定不清，泛泛几条，流于形式，又没有相应的制约措施，导致责任条款形同虚设，一旦出现问题就会相互扯皮和推脱。由于权力界定不清，授权不明确，结果导致权力滥用和越权指挥的现象。另一方面是对责权认识的问题。不论公共单位还是企业，不同程度存在有人发号施令、无人承担责任的现象，有些人总是要权不要责，对权力难掩心中欲望，竭尽所能追求，出现问题却不愿承担相应的责任，结果造成管理的混乱局面，使问题无法找到真正缘由和解决办法。

平衡权与责与组织之"和"的建设密切相关。我曾经提出过"好管理要求权责不分家"的观点，强调必须在授权的同时，制定严格的责任制度对责任人加以约束，以消除管理中的纷争，培育管理的和谐环境，减少管理的消耗，推动管理政策落到实处。对于能力素养尚不成熟的管理者，授权之前要有育权的过程，即由上一级或者成熟的管理者传帮带一段时间，一边指导，逐渐放权，等到培育成熟了再正式全面授权，而不是在其未成熟就把权力放下去不管。授权之后，不是就可以高枕无忧，任其自然，而是继续给予教育、指导，以期让被授权者更好履行权力，承担责任，这叫"相生授权"。对于工作中不足的方面，要及时批评、指正、纠偏，对其履行权力的过程进行约束，以便更好承担起岗位的责任，这叫"相克授权"。权责理顺后，过程考核很容易实施，绩效就很容易评估。这样的权责绩效建设方法，就是本着组织之"和"的原则展开的，是非常科学的组织管理方法。

三、平衡责与利的关系

利益问题是与每个组织人切身相关的敏感问题，推动"和"，也制约"和"。对"利"的设置不合理，分配不公平或不透明，经常会引发不同层次、不同人员的纠葛，为了谁拿多谁拿少，或者干得少拿得多的问题，激化组织矛盾，在组织中失去公平感的人，其工作积极性很难调动，组织运营效率往往骤然下降。

利益分配机制主要是在与责任对等条件下兼顾效率与公平，"不患寡而患不均"，有了效率与公平就有了组织之"和"的基础，没有效率与公平就会丧失组织之"和"的基础。私有制不公平，绝对平均的"大锅饭"也不公平，改革开放以来，我国探索实践了适合国情的按劳分配制度，在社会生产力发展还没有能够达到产品极大丰富的背景下，实行多劳多得，少劳少得，较好地解决了效率与公平的矛盾关系。但在组织管理中，特别是企业管理，按劳分配原则还没有得到很好的实施，部分企业存在"铁饭碗"和"论资排辈"现象，有的企业高层管理者在职期间，业绩平平，没有为企业和国家作出多少贡献，仍然能够拿到高薪。特别是民营企业由于私有性质和管理水平较低，也出现了"能者多劳而少得"的不平衡，这些问题在一定阶段中都影响到组织的和谐关系，并由此也造成了一些社会的"不和"问题。

按劳分配是平衡责与利，创建组织之"和"的科学方法。有利于规范责权利的关系，提高整体的公平性，为组织营造和谐氛围，平衡利益矛盾与冲突，激发企业的活力；有利于规避高层攀比和混乱问题，激发组织人在学习中发展、在发展中完善自我、不断地寻找方法解决问题，寻求更高回报和长远发展的干劲。组织建立按劳分配，一方面，要正确处理国家、自身组织和个人的物质利益分配关系；另一方面，在组织内部劳动者之间要真正体现按劳分配，不能实行平均主义，也不能凭领导主观意志。只有这样，才能在效率优先的基础上，兼顾公平，满足人们物质和精神需求的同时实现组织的快速发展。

第四节 "和"为运营之策

"和"为运营之策，组织运营需要建立"内部之和"和"外部之和"两个关系来支撑。

目前，全球经济一体化正在推进，这是一个全面融合、多方渗透的"地球村"时代，不论什么性质的组织，都不可能停留在狭小的空间内"独善其身"，就企业来讲，那个想怎么运作就怎么运作、想怎么管理就怎么管理的时代已经过去了，那个仅仅与本地区或者同行业对手竞争的时代也已经过去了。当前一切发展都应放大到更大的环境中进行，只有具备开放性思维和世界性眼光，与更大范围的群体发生深刻的关系，才能获得组织管理的进步。

然而，很多组织却因"不和"而存在许多运营问题：组织人不知道具体的工作方向、方法，行为没有标准，质量意识不强，服务意识不强，工作缺乏激情，企业没有核心特色，没有明确的商业模式，没有良好的外部环境，员工不会介绍公司，不会介绍产品，没有营销概念，不喜欢穿工装，不爱护标牌，对客户反馈无所谓，对外不注意维护组织形象，没有经济效益，或者没有持续增长的经营业绩，组织生存困难，发展疲软。组织运营是组织目标实现过程中方法策略的完善和实施过程，没有强大的运营，再好的组织规划蓝图也只是一纸空文。

"和"为组织运营之策，这主要体现在以下三点：

一、建立共生的运营理念

共生的运营理念体现组织与社会的"和"。为何要"共生"？跳出地球看地球，我们住在一个村！有谁可以独享蓝天、空气？聪明的人总是把周围的人关系都搞好，以便一家有难，众家支援，一呼百应，其乐融融……这就是中国自上古时期就开始追求的"天下大同"，天下大同就是要"共生"，正如姜尚在《六韬》所讲："天下乃天下人之天下，非一人之天下，同天下者得天下，擅天下者失天下。""共生"是为了大家都活得好！不会与人"共生"，自己也活不好。个人如此，家庭如此，组织如此，国家亦如此。组织要发展，也需找到一把"共生"的钥匙，一把"和"的钥匙，学会与更多区域的、不同性质的组织共舞，才能更好地为社会创造价值。

二、建立优质的运营品牌

优质的运营品牌体现组织与被服务者的"和"。组织因给社会提供服务和产品而存在，人类文明进步很快，世界先进产品和服务越来越多样化，这个时代是一个日新月异的时代，在你看来再优质的服务，也要经受更加个性化的检验；在你看来再先进的产品，有可能明天就被淘汰。世界需求围绕谁的产品更新、谁的功能更好、谁的价格最合理、谁的服务最周全而展开竞争，迫使各个行业不得不加速提高研发能力，稍微靠后点只能搭上末班车，有时甚至产品刚出品就面临过时及淘汰的困境。

我国三大产业的改革和转型升级都在推进，虽然过程中存在同质化建设现象，但越来越多的地区开始意识到这个问题，并寻求突破和改变，加上国家相关政策大力助推创新，对品牌的扶持力度越来越大，这就意味着全国各地创新的力量在涌动，具有核心竞争力的品牌力量在涌动，谁的品质提升在先，谁的技术创新在先，谁的运营就有可能抢占先机，谁就会跑在前面，成为同行业的典范。组织的品牌系统建设，包括运营领导者品牌、运营产品链品牌、运营服务品牌、运行形象品牌，优质的品牌建设利于组织维护对内的凝聚力和对外的形象树立，增强组织在服务对象心目中的识别性和好评率，这也就是组织之"和"的建设。

三、建立先进的运营模式

先进的运营模式体现组织与行业的"和"。现在各行业进入竞争白热化的时代，企业没有最好的运营模式，只有不断适应变化的运营模式，只有在不断竞争的环境中去寻找答案。一切好的模式都要适应未来的需求和未来的竞争。在这个时代，要保持组织的先进性，必须保持发展的持续性，必须两手抓两手都要硬。

无论是哪个行业，无论是哪种性质的组织或哪一个类型的企业，都必须考虑到国际环境的变化，不断研究国际市场需求状态的变化、竞争状态的变化、产业结构的变化、资源状态等的变化，并及时调整运营模式和管理方法，使其尽可能适应未来的发展。

目前我国组织模式的研究及实践在很大程度上还是内部治理模式，"引进来、留住人、走出去"工作不够，灵活性不够，难以适应国际化竞争。笔者提出的"五行经济模型""中国咨询模型""上马原理""领头羊模式"等经管学原理，都是适合组织运营模式构建的有效应用指导。实践证明，这些观点对于培育组织凝聚力和社会贡献率能够发挥重大作用。

第十二章 "和"为组织管理之法

"道可道，非常道。"组织管理之法，就是一个"和"字。

"和"即"礼而勿害"，组织的观念和行为一切利于世界、国家、社会，组织人的观念和行为一切利于组织，便可迎来个人发展和组织发展的康庄大道，一荣俱荣；反之，组织一旦损害了世界、国家、社会的利益，组织人一旦损害了组织利益，唇亡齿寒，一损俱损，个人和组织发展前程都会被葬送。

第一节 "和"为组织管理之要

"和"为组织管理之法，第一个层次是组织与世界、国家、社会的"和"，第二个层次是组织与组织之间的"和"，第三个层次是组织人之间的"和"。

组织的三个层次之"和"管好了，一切管理都好了。我提出"管理就是用思想解放思想的过程"，那么组织和组织人的正确思想从哪里来？毛泽东同志说过，"只能从社会实践中来"，通过实践，知道哪些是对的，哪些是不对的，什么是有利于发展的，什么是有害于发展的。"实践是检验真理的唯一标准"，在过程中不断总结和吸取经验教训，好的发扬，错的改正，对的坚持，错的摒弃，发展的事业才能越来越顺利和成功。何谓体现组织之"和"的正确思想？我具体总结为"不损害"和"有利于"两个方面。

第二节　坚持不损害组织"和"之法

组织人首先要做到不损害组织之"和"，即不损害组织的利益，不损害组织的团结，不损害组织的形象，不损害组织的声誉，不损害组织的物品，不损害组织的规章。凡是不利于组织和谐的话不说，凡是不利于组织发展的事不做。通过"不损害"达到：矛盾摩擦最小化，资源消耗最小化，效率拖延最小化，成本浪费最小化。按照这个思想进行组织管理原则的制定、实施、检查，进而统一组织人的思想和行为，组织"不和"问题将会减少，组织发展环境得到维护。

在确立和坚持"不损害组织之和"思想的过程中，组织管理者是关键。我提出的"十种不可用作管理之人"可作为减少"不和"因素的参考：

1. 没有企业组织观念，没有做人原则，个人意见第一，不能执行公司制订的运营计划的人。

2. 没有效益原则，只想自己不想企业，不能对上级和下级不能正确地进行有效的沟通，个人利益至上的人。

3. 不能主动承担企业的重大任务的完成的工作人员，只求其权，不谋其事的人。

4. 贪图小利、公私不分，利用公司资源满足他人的需要，损坏公司利益的人。

5. 在企业内、外恶意串通，搞小团队对抗企业行为的人。

6. 制造内部矛盾，利用内部矛盾制造事端，瞒上欺下，当面一套背后一套两面讨好的人。

7. 做事没有计划，没有目标，没有主动工作的热情，不会处理工作中存在问题的人。

8. 做事不讲原则，随意性强，不能按时按量完成企业所分配任务的人。

9. 遇事不冷静，情绪化严重，给企业造成损失不能自检，千方百计开脱自己责任的人。

10. 不懂管理、不学管理、不懂团队工作的人。

群羊要靠头羊带，把组织管理者选好用好，才能更好确保不损害组织"和"之法的落实。

第三节　坚持有利于组织"和"之法

组织人还要做到有利于组织之"和"，即有利于组织的利益、有利于组织的团结、有利于组织的形象、有利于组织的声誉、有利于组织的物品、有利于组织的规章。凡是有利于组织和谐的话多说，凡是有利于组织发展的事多做。

通过"有利于"达到：和谐团结最大化，资源价值最小化，效率提升最大化，成本节约最大化，创新增效最大化。按照这个思想进行组织管理原则的制定、实施、检查，进而统一组织人的思想和行为，组织优良文化将会得到培育，组织发展获得生机。

笔者曾提出的评价组织管理的"三个标准"可作为有利于组织之"和"

的评判标准：

一切符合客观规律，有利于组织效益提高、长期发展的管理都是正确的管理，都是组织"和"之法。客观世界在不断地变化，只有撇开事物的表象，掌握隐藏在背后的客观规律，并按照规律进行管理，才能有利于组织的长期发展。内部管理中，掌握了人的需求规律，就能够留住人才、培养人才，使人才在企业里大施才华，为企业带来长期的利益回报。

一切符合竞争需要，有利于组织形成核心竞争力的管理都是正确的管理，都是组织"和"之法。现代社会的竞争范围越来越广，竞争程度越来越高，组织要想在竞争中获胜，就必须适应现代化的竞争，打造独特的核心竞争力，否则就无法立足。例如企业发展中，与竞争对手区别开来，满足消费者的需要，形成自己的差异特色，就容易脱颖而出。

一切符合人类利益，有利于组织形成正确价值取向的管理都是正确的管理，都是组织"和"之法。任何组织都不能脱离人类社会，组织获得的利益必须是在不损害世界、国家和社会利益的前提条件下，必须在正确的社会公益价值观指导下，否则就不利于组织的发展。例如资源开发中，有的企业为了自我利益，不顾国家法令，肆意破坏环境，就会招致灾祸。

有利于组织之"和"的"三项法"，说起来容易做起来很难，需要在思想上高度认识，行动上高度统一。管理既是一个用思想解放思想的过程，也是一个因人和事而变化的过程，所有工作需要紧密围绕主要目标展开，需要持续反复扶正祛邪。只有高度重视，全体组织人共同努力，就能确保组织健康发展。

第四节　组织管理"和"之法的推进

组织管理"和"之法的推进，绝不是一日之功，也绝不可能一蹴而就，需要全员行动起来，共同循序渐进。

第一方面，是阶段的循序渐进。首先做到"不损害"，这是最起码的要求，如果做到"不损害"，组织就可以彻底消除内耗低效等危害生存和发展的顽疾，拥有和谐稳定的局面。在此基础上，做到"有利于"，这是更高的要求，如果做到"有利于"，组织就可以提高创造力，形成"众人拾柴火焰高"的和谐发展局面。

第二方面，是步骤的循序渐进。"管理之前要明德"，"管理之中要亲民"，"管理之后要止于至善"，这是笔者曾提出的"管理三餐饭原理"。明德是知，即要在思想上有一个高标准；亲民是行，即有认识的同时还要身体力行；要想达到止于至善的目的，必须要做到知行合一，这是管理者的最高境界，也是《大学》修为的最高一道。用在组织"和"之法的推进上，明德是培育和谐凝聚力基因的过程，亲民是修正和谐凝聚力行为的过程，止于至善是完善和谐凝聚力结果的过程。通过明德，认识到组织之"和"积极作用和组织"不和"的负面影响，从思想上重视和谐相处；通过亲民，摒除各种陈腐观念落后思想，改掉各种不良习惯错误言行，即去除各种制约组织发展的不利因素；培育员工不断努力奋斗，寻求进步，发挥企业发展的有利因素。通过止于至善，不断检查、纠偏、完善，形成"见贤思齐焉，见不贤而内自省"的组织氛围。三者合一，循环往复，组织人的思想达到统一，组织之"和"得以建立，组织目标得以实现。

齐家篇

　　齐家之本，在于和，家风，家规，家教是关键。古人有云："子不教，父之过。"

　　每一个人，都会有个家。

　　每一个国，都有很多家。

　　每一个家，都有幸福梦。

　　每一个梦，都需你我他。

　　家，是亲人组成的家；家；是组成国家的家；家，是获得动力的源泉；家，是经营幸福的乐园。古人云：修身，齐家，治国，平天下；没有和睦的家，哪有快乐的你我他，哪有和谐的组织、社会和国家……

　　家和，万事兴！

　　家庭是社会的基本单元体，因为有血缘和情感作纽带，对人的身心健康、道德品质、行为风貌等具有直接和重大影响，所以在国家发展、社会稳定以及人们的日常工作、生活与学习中发挥着极其重要的作用。

　　家庭兴盛，是组织兴盛、国家兴盛的反映。

　　家风家貌，是社会风气、民族精神的基础。

　　家庭和谐，是全世界人民追求的共同目标。

　　然而，随着时代的进步，我们在物质生活越来越丰富的同时，家庭的幸福指数却在降低，各种家庭问题、矛盾、冲突不断突现，家庭暴力增加、离婚率攀升等现象越来越普遍……

家庭暴力成为全球性的社会问题！

家庭暴力是一个全球性的社会问题，从某种程度上说，家庭暴力超越了种族、信仰和意识形态，是人类社会进程中的顽疾。

据资料统计，在世界各国，家庭中虐待妇女的现象十分常见。20世纪全世界有25%—50%的妇女都曾受到过与其关系密切者的身体虐待。2006年10月，世界卫生组织就家庭暴力问题进行的最新跨国调查显示：不论在发达国家还是发展中国家，不论在农村还是城市，妇女遭受同居男友或配偶的暴力行为是一种相当普遍的现象。

中国家庭暴力发生率为29.7%—35.7%，其中人格障碍占家庭暴力的1/4，受害者多半为妇女，而老人、儿童和男性的比例也有所上升。全国每年约有40万个家庭解体，其中25%因为家庭暴力；特别是在离异者中，暴力事件比例则高达47.1%；全国2.7亿个家庭中，遭受过家庭暴力的妇女已高达30%。

美国1/4的家庭存在家庭暴力，平均每7.4秒就有一名妻子遭丈夫殴打，约有20%—30%的妇女遭现任或前任男友肉体上的虐待。家暴是妇女遭受严重损伤的最常见的原因，家暴受害妇女超过了强奸、抢劫及车祸受害妇女的总和。

法国在20世纪90年代，每年有60—88名妇女死于家庭暴力，平均每三天就有一起因家庭暴力导致人死亡的惨案，每四天有一名妇女死于家庭暴力，每十六天有一名男子死于家庭暴力，一年大约有50万妇女遭到殴打。

家庭暴力引起的后果是严重而且是多方面的，因为发生在家庭中而得不到及时有效的制止和处理，很容易导致婚姻的破裂和家庭的离散。并且，发生家庭暴力的家庭中的孩子通过耳濡目染、潜移默化，在他们成长后大大增加了使用暴力的可能性！

离婚率飞速攀升，部分国家甚至超过 70%！

据 2017 年非官方数据统计，世界上离婚率最高的国家排名前十位的有：马尔代夫、白俄罗斯、比利时、俄罗斯、美国、乌克兰、葡萄牙、捷克共和国、瑞典、匈牙利，其中离婚率最高的达 70% 以上，最低的也有 42%。

美国在 20 世纪 50 年代，90% 以上的已婚夫妇能将他们的婚姻维持到 10 年以上，但到了 20 世纪 90 年代，这一比例下降到不足 50%。近两年来，美国甚至出现了"30 年之痒"一说，即许多 60 岁以上的老年人，甚至 80 多岁的老夫老妻也加入了离婚行列。

近年来，中国的离婚率也呈上升趋势，离婚率从 20 年前的 0.7%，到现在的 5%。随着中国的改革开放，传统的家庭价值观受到强烈的冲击，"天长地久""白头偕老"这类美好的字眼似乎越来越远离婚姻而去了。

家庭情感价值在功利价值前黯然失色！

个性的过度张扬使家庭成员过于强调自己的利益，越来越以个人为中心，导致家庭责任感缺失。"孝道"观念淡化，父子亲情淡漠，有些子女甚至对父母最起码的赡养都做不到；兄弟姐妹忘却手足亲情，为了争夺家庭财产而反目成仇；"婆媳不和"影响到夫妻间的和谐，造成相互的隔阂；"夫妻不和"使孩子整天陷入苦恼之中，学业以及人生受到不良影响，继而使家庭失去未来和希望……

16岁女孩儿刘海波，因父母闹离婚搞得一家人鸡犬不宁，服安眠药、酗酒和割腕，几度自杀未遂。后来患上了抑郁症和轻度精神分裂症，离家出走不知去向……

2011年11月21日早上，佛山一对婆媳在家拿刀互砍，2人均多处有刀伤，其中媳妇因抢救无效死亡……

一位叫做吴金友的老人，遭受染上恶习、在社会上瞎混的儿子打骂19年，严重的一次颅骨受到重伤，脑内有瘀血，右手手筋断裂，经医院抢救得以保住性命，老人过世时带21万现金火化……

75岁老人曹文泽，因两个儿子长期不尽赡养义务却想争抢房产，甚至殴打他，将自己本人名下价值百万的一套房产无偿捐赠给江苏省老龄事业发展基金会，用于"博爱遗嘱库"项目发展……

家庭不和，导致家庭危机加剧！

利益冲突、感情问题造成家庭不和，家庭不和使家庭矛盾日益复杂化，人类面临的家庭危机逐渐加重。一方面家庭成员，甚至是几代人蒙受身心伤害，轻者心情抑郁，重者疾病缠身，再严重的危及生命；另一方面给家庭管理带来了极大的困难，使家庭道德风尚面临滑坡，使一个家庭的运势、财富、快乐、健康和幸福长时间受到阻碍。这种负能量由家庭辐射出去，又进一步影响到与邻里、社区、亲朋好友及组织、社会的关系，不只是人与人之间的感情逐渐淡化，而且各种矛盾隔阂冲突引发的争吵打闹事件经常发生，受伤致残甚至致死的现象频频发生。

段某因怀疑对门邻居王某经常剪破其晾晒在楼道内的衣服，由此发生争执后怀恨在心。2011年6月某日上午，段某趁王某下班回家开门之机，持菜刀向被害人王某头部、颈部、胳膊、手部连砍数刀，致其死亡……

吴家儿子因盗窃电缆并致企业损失巨大，被判刑七年，父母因儿子判刑，感觉没脸见人，因而几年时间都不敢与邻居和亲戚来往，每当逢年过节，老两口孤单地在家里，以泪洗面，两年以后，老父亲便被查出得了肝癌……

家庭不和，引发的不仅是一个或几个家庭的问题，家庭成员将家庭不和的情绪带到组织和社会中，进而引发的是更多组织不和谐及社会不和谐问题！面对如此负面的连锁影响，家庭不和问题，需要引起全社会的高度重视！

"和"为全世界10亿家庭打开幸福之门！

和谐是人类需要的生存与发展的环境要求，也是幸福与快乐的前提。任何一个家庭，都要围绕幸福、稳定、发展这个目标去治理。只有重视"和"，以"和"的处世观来齐家，从家风、家规、家教几个方面多管齐下，才能有望建设和睦、和美、和顺的家庭文化，提高家庭成员的道德和文明素养，从根本上解决家庭矛盾，获得家庭发展。

"和"为齐家之本，"和"为治家之纲，以"和"之道，为家庭赢得运气、财富、快乐、健康、幸福！

齐家之"和",包括与家庭外部关系"和",如:家庭与国家关系、与社会关系、与亲朋关系、与同学关系、与同事关系、与领导关系、与下属关系等;与家庭内部关系"和",如:父母关系、兄妹关系、夫妻关系、子女关系等。内外之"和",相互联系、相互作用和相互影响。两大关系都处理得好,就可以促进家庭的稳定与发展、欢乐与幸福;如果这些关系处理不当,则会引起家庭的矛盾与冲突,严重的使家庭走向不幸与死亡。

第十三章　齐家之道

　　"和"为齐家之道，即以"和"作为经营管理家庭、教育家庭成员的处世观和道德准则，形成和睦相处的基本家庭文化、行为举止和礼仪习惯，达到家庭内外关系和谐；"和"是家庭获得"新五福"即运势、财富、快乐、健康和幸福的根本途径。只有"家和"，才会"万事兴"；没有"家和"，就会"百事哀"。

第一节　"和"为家运之源

　　"和"与"家运"的息息相关："运"是国家、组织、他人带来的！"和"能生"运"！稍有"不和"，则矛盾重重，陷入复杂的人际关系之中，就没有心情生活、学习、工作，就会影响和阻碍发展。家庭运势因"和"而成！"积土成山，风雨兴焉；积水成渊，蛟龙兴焉。"当力量积累到一定程度之后量变就成了质变，小"和"小成，大"和"大成，无"和"不成。

一、"运"为家之所需

这个运，即机会、机遇。机会永远是留给有准备的人，这个有准备的人就是能与他人、组织、国家"和"之人。

家庭是家庭成员集中聚居的生活场所和精神乐园，有着吃喝拉撒、衣食住行等基本生活条件的物质需求，以及相互依赖、倾诉、抚慰、照顾的精神需求。

这些需求，由每个具有工作能力的家庭成员，通过融入社会、参与社会劳动来获得。在这个社会上，同样能力的人有很多，家庭成员在同等的人群中，能否优先获得优质的社会资源，决定着家庭经济、文化层次和水平，决定着家庭生存质量优劣和未来的发展高度。

独木难成林，一个家庭中，总会遇到困难，但是不论任何时候，都能"和"各方之力逢山开路，遇水搭桥。这往往因为具有振臂一呼的能力，平日里帮助人多，所以当出现力不从心、无能为力的时候，得到社会各界的帮助会越多。自然人气旺，家运就好。

二、"和"为家运之源

家运依靠和谐的家庭关系维护。试想，一个和睦的家庭，家庭成员在一起其乐融融，相互帮助，相互促进，生活有个安心的避风港，良好的家庭氛围使人如虎添翼，干劲十足，其结果就会抓住机会，创造出好的运势；反之不和，家庭成员在一起，整天心情很糟、争吵不休，相互间影响心情，不能安心生活，没有和谐的环境，怎么可能有好心情投入工作？又怎么可能会抓住机会，创造出好的运势？

好运势靠良好的人际关系帮助。随着社会的不断进步与发展，社会分工越来越精细，原来那种自给自足的家庭也随之被打破。家庭与社会的关系越来越密切，家庭的和谐幸福与发展，也进一步取决于家庭各成员与社会各群体的合作程度。一个家庭不能孤立地存在于社会之中，只有稳妥地处理好社会关系，才能促进家庭成员的良好发展。否则，如果一个家庭在社会中与左邻右舍关系紧张，人际冷漠，周围人就不愿意与他来往，这个家庭的成员就会被"边缘化"，从而失去很多发展的机会，家庭生活得不到保障，就会给家庭和谐带来更加严重的影响，形成连锁的恶性循环。

家运顺通依靠社会生态推动。家庭成员之间、家庭与国家、家庭与其他社会组织或者他人，具有联系性和作用性的关系，他们相互影响，既能相互促进、又会相互制约。一方面，家庭的"和"是保障和谐社会的基础，如果每一个家庭传递一份微薄的能量，对社会的发展、人类的进步，都有着不可估量的作用；另一方面，社会和谐也会促进家庭的"和"，为家庭的"和"提供更多机会。

"和"为家运之源！家庭与他人"和"会有小运，与公共组织和企业组织"和"会有中运，与国家"和"就会有大运。如果感觉家运不好，就要注重检查出了哪些"不和"的问题。

第二节　"和"为家富之路

"和"为家庭带来第二福——财富！传统文化"和气生财"就说明"和"在经济发展中的重要性，"和"是家庭财富的"催化剂"。

"和"与"家富"的关系密切。获得工作的机会多，事业成功的概率大，创造财富的可能性也大。兄弟同心其利断金，打仗亲兄弟，上阵父子兵，家庭关系和谐，心往一处利出一孔，凝心聚力谋发展，就容易成事"生财"，否则就可能无财或破财，这是"和"的力量。家庭具有国家情怀、社会责任感和公共道德观念的大格局，就会放下自我，在具体事情上倾心尽力、添砖加瓦，大河有水小河满，家庭在国家富强、组织昌盛的大环境中也会"生财"，这叫"和"生志，志生财。

以上所述，既是物质财富创造的过程，也是精神财富的创造过程，两者结合，构成家庭真正的财富观。

一、家与成员"和"生财

一方面表现在良好的家庭环境使家人具有创造财富的动力。如果把家庭比喻成一家公司，那么每一位家庭成员便是家庭公司的股东。家庭成员之间和谐相处，目标一致，共同协商，对家庭发展的方向作出统一的规划，加强对家人的职业规划、家庭收支等日常管理等，家庭发展就会有步骤地进行，家庭"生财"就得到了基本保证。

另一方面还表现在积极的家庭氛围使家人具有管理财富的能力。例如，应对家庭外的一切变化：物价上涨，子女教育经费不断增加，住房价格一路高扬，各种投资机会眼花缭乱，家庭财富的支配、家庭投资如何做到经济化、合理化、收益最大化？没有和谐的家庭，家长专制，或者意气用事，就有可能使家庭偏离方向，走上极端，不但不能创造财富，还有可能"破财"，导致家破人亡，这方面的例子比比皆是。

二、家与国家"和"生财

一方面表现在家庭对于国家建设的热爱和支持。如果将国家比喻为一个大家庭，那么无数个家庭就是这个大家庭中的成员，和谐的家庭使家庭成员具有正确的价值观和积极向上的心态，家庭成员能够爱国，关心国家的事情，国家响应号召，不仅支持了国家建设，也给小家庭带来发展变化。

中华人民共和国成立后，几次成功的移民大搬迁，如三峡工程、内蒙古、新疆等西部地区建设，很多家庭为了国家作出了牺牲，但实践证明他们不但没有丢了小家，而是更好地发展了小家，如今中国已经屹立于世界的东方，各地区家庭的生活更加全面地从温饱奔向小康。

另一方面还表现在家庭对于国家政策的了解和贯彻。和谐的家庭基本具备一个共同的特征，即"家事国事天下事，事事关心"，《新闻联播》是每天要坚持听或看的，村务信息是要及时浏览和知道的，社区活动是要积极参与和发挥作用的，行业动态是要经常学习和研究的，紧跟国家步伐，家庭建设不仅有希望，而且有方向，同时也有了行动的约束力，任何一个家庭都必须严格遵守国家政策、法律法规，不向"红灯"挑战，不将国家财富占为己有，否则就会影响和阻碍财富的创造。

三、家与组织"和"生财

家庭与组织"和"，这个组织是合法的、利于国家和社会的组织。

一方面，家庭作为整体与社区、团体、服务业等公共组织发生关系。家庭与组织"和"，自愿接受组织的管理，主动按照组织的要求做事，积极配合组织展开相关工作，不但会避免很多矛盾冲突，而且在各种活动和工作中，会结识很多各行各业的人脉，家庭建立良好的人际关系和社会公共关系，成长和合作的机会增多，拓宽视野，改变封闭状态，走出狭小空间，拥有创造财富的良好资源和支持环境。

另一方面，家庭成员服务并受制于组织。和谐的家庭，成员间齐心鼎力，相互支持，良好的家教使他们在组织中也会一样表现，积极为组织发展出力，不断得到组织重用，在获得报酬增长的同时，家庭也获得了财富回报，这是共赢；相反，家庭成员间相互拖后腿，经常因家庭琐事影响工作，那么，组织的正常工作受到了影响，发展受到了限制，组织任务无法有效完成，企业组织则发生经营亏损，家庭就不可能会获得财富。因此，只有家庭成员相互支持努力工作，才能使家庭与组织更加和谐，家庭成员获取更多的财富收入，这就是家与组织生财的道理。

四、家与他人"和"生财

家庭与他人"和"，这个他人是守法的、利于国家、社会和组织的人，不将他人财富占为己有，才能有利于自己财富的真正获得。

一方面，体现在家庭的接人待物。如长幼尊卑的文化，待客之道的文化，家庭习惯和礼节礼貌文化。当个人生活在一个和谐的家庭，就会被整洁的、真诚的、热情的家庭气氛所打动，这样的家庭也会成为吸引亲朋好友的温馨乐园，从而为获得良好的亲情关系、社交关系奠定基础。而一个"老死不相往来"的家庭，缺少人气，表面看似把亲戚朋友挡在门外，实则是把很多发展的机会挡在门外。试想，与亲戚关系、与朋友关系、与同学关系搞不好，他们会帮助你吗？如果有发展的机会，他们会愿意与你分享吗？家庭财富的获得因此而受到影响。

另一方面，体现在家庭的与人合作。一个家庭不是孤立存在于社会中，家庭要获取财富，必将面临与其他家庭、个人、邻里等的各种联系与各种合作，各种合作之间的关系，或者相克，或者相生。如果家庭与他人"和"，获得财富的道路就被打开，家庭的发展就有基础；如果家庭与他人不"和"，获得财富的道路也将因此被堵死，家庭的发展就失去了基础。试想，与同事关系、与领导关系、与下属关系处理不好，你的形象在他们心目中会好吗？即使你再有能力，有人愿意与你合作吗？领导愿意重用你吗？你会得到提升吗？家庭财富亦因此受到影响。

第三节　"和"为家乐之由

"和"为家庭带来第三福——快乐！"和"是家庭快乐的"活水源"，为家庭存在和兴旺净化环境、保驾护航。

家庭和谐是家庭快乐的因，家庭快乐是家庭和谐的果，人人都追求家庭快乐，没有和谐相处就不可能有家庭快乐。家庭内部和谐，家庭生活便生机盎然，家人也会其乐融融，充满欢声笑语，充满对未来的信心；不和谐的家庭则死气沉沉，矛盾重重，有的长时间积郁成疾，家人健康堪忧。家庭与国家、与组织、与他人和谐相处，则会把快乐进一步放大，国泰民安，组织繁荣，个个健康，人人愉悦，这就是以"和"生成家庭快乐的内涵！

"小家"之乐，上升到"大家"之乐的过程，是家庭之"和"境界提升的过程，也是社会快乐指数达到良性循环的过程。

一、家庭的"独乐乐"

首先，家庭中的快乐源于精神观念上的和谐。包括对家庭的认识，对快乐的认识，对和谐相处的认识，这种认识世代传承，就形成家庭一致的相处观念，这种精神上的和谐，使家庭拥有了快乐的源泉。

家庭是什么？家庭的最大作用，是让人可以得到归属感、支持感、信任感和舒畅感。在这里，快乐有人与你共享，痛苦有人与你分担，郁闷有人听你倾诉，身心有人给你温暖。家庭给予我们"百年修得同船渡"有缘相守一生的福分，还有精力充沛、信心十足在社会上打拼的源源动力，这是家庭快乐的基础，家庭快乐与物质条件没有完全必然关系，仅仅满足于人的吃、住、行、游、购、娱的快乐只是皮毛上的快乐、表面上的快乐，是暂时的快乐。真正的快乐，没有贫富、尊卑、权势之分。有的家庭哪怕是吃简单一点，穿简朴一点，住简陋一点，一家人也可以很快乐；而有的家庭虽然住着别墅洋房，吃着山珍海味，却没有快乐可言，就是因为家庭的精神和谐度不同。

其次，家庭中的快乐源于日常行为习惯的和谐。如家人间怎么说话，怎么处事，注意什么，规避什么。无论思想上多么和谐，如果行为上表现得大相径庭，也不会有和谐，更不会有快乐。

快乐是什么？快乐是每个人天生的一种心理需要和精神满足，是溢于言表、发自内心、令人舒适的一种感受，没有争吵，没有矛盾，没有歧视，没有私心，没有烦恼，就是人性感情的自然流露。家庭快乐是家庭成员精神和谐的反映，但这种反应要体现在行为上，和睦的家庭懂得感恩，珍惜情感，家庭成员和睦融洽地相处，尽享天伦之乐，家才真正是幸福的港湾。而不和的家庭，有的因为彼此间只有利益冲突、物质欲望等，快乐远离每个人；有的家庭成员之间，总是话不投机半句多，各有各的心思，慢慢就产生了距离，一家人在一起，要么海阔天空、无所顾忌，对其他人造成伤害自己却一无所知；要么各行其是，埋头于自己的电视、手机，家人间没有沟通，也产生不了快乐。

二、家庭与社会的"众乐乐"

首先，快乐具有传递性和互生性。从某种意义上讲，快乐是人体的一种"化学"反应，各种"分子""原子"相互转化创造出新的物质，你感染我，我感染你，相互之间把快乐传递得越广、越深、越持久，获得快乐就越多、越大、越丰富。所以，想要获得更多的家庭快乐，就要走出家庭，了解世界，了解社会，了解自己，珍惜情感，控制欲望，学会与社会的"众乐乐"。

其次，快乐具有社会性和公益性。仅仅建立在一家之言基础上的快乐是狭隘的，仅仅建立在一家之利基础上的快乐是不道德的。只有"先天下之忧而忧，后天下之乐而乐"的快乐，才是具有社会公益性，是值得荣耀的快乐。在"大家"与"小家"之间，我们要选择"大家"。

国家是我们的"大家"！一个家庭要树立爱国主义精神，热爱这个大家庭，感恩这个大家庭，树立与大家庭一样共同的理想信念，遵从大家庭的规矩，相互间和谐相处、理解包容，为了共同的事业努力，一起享受共同拼搏后的成果，这样才能充满欢声笑语。如果我们与大家庭背道而驰，离心离德，哪有欢乐可言？

组织是我们的"大家"！社会上的每个家庭，每时每刻都离不开组织，工作单位、社区街道、各级政府部门、服务单位等等，与它们"和"，家庭成员的工作、学习、生活都有了落脚点，家庭事业就会得到帮助，这也是"小家"获得快乐的来源。否则，处处与人计较，"大路朝天，各走一边"，生存和发展丧失了基础，哪有欢乐可言？

他人是我们的"大家"！四方邻里，亲朋好友，同学同事，每一个大家，都胜过我们的"小家"，只有"我为人人"，才有"人人为我"。只有无私地帮助他人，只有首先做到"利他"，才能实现"利我"。"与人方便自己方便"，赠人玫瑰，手留余香，你付出的爱越多，得到的快乐也越多。否则，孤家寡人，形单影只，哪有欢乐可言？

第四节　"和"为家康之本

"和"为家庭带来第四福——健康！"和"是家庭健康的"保护伞"，家庭一切建设离不开健康做条件，没有健康就没有家庭幸福之源。

健康是家庭生活的第一财富，家庭的健康包括家庭成员的身体健康和心理健康、家庭的道德健康、家庭的社会适应性健康、家庭环境健康。"和"是家庭健康的根本动因，家庭健康的最大威胁来自"不和"。有了"和"，家庭生活风平浪静、安居乐业，家人得到确保健康的基本条件；同时家人开心愉悦，为维护健康创造了正常的环境。相反，如果不"和"，则为家庭埋下了矛盾与冲突的"种子"，不小心就会给家庭以沉重打击，甚至给家庭造成灭顶之灾，健康无从谈起。

一个家庭的健康问题，既包括家庭成员的身体健康问题，也包括心理健康问题，两者相互依存，相互作用。而任何成员的身心健康，都会直接影响到其他成员，甚至整个家庭。

一、"和"健其身

一方面，"不和"容易引发身体健康或疾病问题。健康不仅仅是吃营养品、保健品就可以得到的，食补、药补充其量是维持和调节生命肌体运作的基本需要，比这些更重要的影响身体健康的因素，不是吃什么，而是情志。中医研究："一切内伤杂症皆七情所致"，思虑过度、生气、吵架等矛盾冲突，都会伤及脾胃、肝脏，七情变化引发脏腑病变，失眠、抑郁、癌症等将接踵而来。

例如，压力和生气是一种不良刺激，会引起人高度精神紧张和焦虑、忧郁、恐怖等，会使大脑皮层的兴奋与抑制过程失去平衡，导致皮层下血管舒缩中枢的调节失常，从而形成高血压病。压力还容易使人情绪异常，经常生气和动怒会对心脏有明显的负面影响，这种影响甚至比吸烟、超重以及高胆固醇对心脏产生的损伤更可怕。生闷气会使得气在胸腹腔中形成"横逆"的气滞，造成十二指肠溃疡或胃溃疡，严重的会造成胃出血，妇女的小叶增生和乳癌，甚至白血病，都与生气有关。

《黄帝内经·灵枢篇》中对疾病的原因有一段说明："夫百病之所始生者，必起于燥湿寒暑风雨，阴阳喜怒，饮食起居"，我们的老祖宗很早就明白生气是最原始的疾病根源之一，不但浪费身体的血气能量，更是造成人体各种疾病的一个非常重要原因。而现代家庭，与社会发生各种关系的同时，碰到的各种矛盾来源也会增多，如果家庭没有和睦相处的习惯，很容易感情用事，处理有些问题时不想后果，严重的矛盾冲突直接引发流血事件，甚至危及生命。

另一方面，"不和"容易造成身体的亚健康问题。亚健康是介于健康与疾病之间的一种不良状态，根据世界卫生组织的调查报告显示，目前，"亚健康"是一种临界的状态，世界上每100个人就有75个人处于亚健康状态。身上有某种不适或疼痛，但医生查不出问题，腰酸腿痛、记忆力减退、易于疲乏或无明显原因感到精力不足、体力不支、身体功能出现整体衰退，就属于亚健康的症状。

亚健康与家庭和谐状况、现代人不健康的生活方式及所承受的社会压力不断增大有直接关系。家庭和谐的环境，利于培育家庭成员的正常情志，帮助家人克服社会压力。而家庭"不和"，却容易使家庭成员面对各种社会压力时，无法及时疏解，不好的情绪在家庭里积聚，则更加重健康隐忧。个人的亚健康，极易扩散影响到家庭成员，给家庭整体健康带来危机。

二、"和"正其心

一方面，要重视"和"对心理健康的影响。身体健康问题，除了身体机理健康问题，还包括心理健康问题。家庭"不和"，极易导致家庭成员出现心理不健康的症状，比如心情低落，整天不快乐，工作、学习、娱乐、生活都提不起精神和兴趣，做事经常后悔、易怒、烦躁、悲观，精神难以集中，处于敏感紧张状态，担心别人不理解、嘲笑，怕与人交往，厌恶人多，在他人面前没有自信心，感到紧张或不自在，苛责他人等，这些情绪不稳定问题，都属于心理不健康的问题。而这些不健康的问题如果长时间得不到解决，则对个人、家庭、组织、国家发展都会产生负面影响。

另一方面，要重视规避影响心理健康的"不和"问题。很多家庭的健康出现问题，根本原因来自于家庭内部和外部的"不和"。因各类家庭关系处理不当导致不和，因家庭文化的不同导致不和，因价值观不一致导致不和，因思想观念的差异导致不和，因收入差别导致不和，因社会环境因素导致不和……从而引发各类矛盾冲突，婆媳不和、父子反目、夫妻离婚、兄弟姐妹吵架、邻里争斗等等，这些矛盾严重影响家庭健康。

既然家庭健康与家庭之"和"紧密关联，那么，家庭就要以"和"的观念来提升健康指数，要重视处理好家庭与国家、与政府、与各种社会组织和社会群体的外部关系，以及与家庭其他成员的内部关系，树立共同的核心价值观，遵从社会公德，倡导一切为国、为民、为他人的理念，培养优良的家庭道德思想和家庭文化环境。只有这样，家庭成员的身心才能真正健康，家庭的道德才能健康发展，家庭的社会适应性才能更强，家庭的环境才能更美好，家庭的生活才会更幸福。

"和"是家庭获得健康之源，"不和"就会引发百"病"而生。

第五节　"和"为家福之根

"和"为家庭带来第五福——幸福！"和"是家庭幸福的"晴雨表"，家庭物质文明和精神文明双丰收，幸福是最终标志。

"和"是家庭幸福的来源,家庭幸福是家"和"的结果。一方面,家庭和谐,就获得幸福;家庭"不和",就没有幸福。另一方面,家庭幸福,就会和谐;家庭不幸福,就会"不和"。当今社会中,许多家庭经济富足、物质生活水平提高了,可幸福感、幸福指数却下降了,为什么?因为家庭的和谐文化建设没有跟上,比如价值观、代沟及时间精力问题造成家庭中各种矛盾,引发家庭不和谐。不和谐越多,家庭幸福感越低。

因此,"和"就有幸福,"不和"就没有幸福。

一、"和"兴家小幸福

什么是幸福?什么是家庭幸福?这是人类普遍追寻的答案,也是社会不断热议的话题。经我研究,当家庭有了和谐,并因和谐产生了运势、财富、快乐、健康,那么,这个家庭也就拥有了幸福。

首先,幸福,是一个综合指标,是"三层次需求"的满足,既包括物质方面的满足,也包括心理和精神方面的满足,只有一个方面,人往往不会得到真正的幸福。物质层面的幸福,是最浅层次的幸福,上升到心理、精神的幸福,才是全方位的幸福。物质与精神的"两个满足",是构成家庭幸福的"两翼"。

其次,幸福,是系统工程,不仅仅是涉及一个人一个家庭的问题,也是与社会和国家相关的问题。幸福既取决于家庭的内部和谐,也取决于家庭的外部和谐。家庭的幸福,是小范围的幸福,上升到大家、国家的幸福,才是高层次的幸福。家庭与社会的"两个和谐",是决定家庭幸福的"双边"。

再次,幸福,是一个持久修为,不仅仅是一天两天的事情,而是一生一世的事情,既与今天的修为有关,也与明天和未来的修为有关。一个阶段的满足是短时间的幸福,上升到一生的满足才是最圆满、最有意义和价值的幸福，值得每一个家庭追求。自家与大家的"两个兼顾"，是描绘家庭幸福的"两面"。

家庭幸福的创造，要围绕"兴家"的目标，但也要走出"一翼、一边、一面"的小格局，走出"一家幸福"，是为了更好建设"一家幸福"。只有家庭成员具有高尚的情怀、美好的心灵，热爱家庭、无私奉献、和睦友爱、包容促进，才能建设美好的世界，才能拥有高层次、最持久和富有价值的家庭幸福，家庭也因生活更加美好而愉悦。

二、"和"生义大幸福

一个家庭真正意义上的幸福，在于树立正确的"义利观"。管仲在《管子·卷一·牧民第一》中提出："四维不张，国乃灭亡。"何谓四维？一曰礼，二曰义，三曰廉，四曰耻。儒家思想把"义"与仁、礼、智、信合在一起，称为"五常"。孟子在《孟子·告子上》提出："生，亦我所欲也，义，亦我所欲也，二者不可得兼，舍生而取义者也。"

义，是一个人必备的幸福工具，也是家庭幸福的必修大课。这个"义"，就是家庭与国家、与组织、与他人三者和谐相处，取此"义"，家庭获得"大幸福"；舍此"义"，幸福必将远离。试想，一个家庭因权、利、欲望导致与国家"不和"就会受到惩罚，与组织"不和"就得不到发展空间，与他人"不和"就会受人冷落，在这种情况下，一家之幸福如何有保障？

首先，与国家"和"是家庭幸福的"大义"。没有国就没有家！国家是我们生活的家园，也是我们精神的家园，爱国是我们的本分，为之奋斗是我们的义务，只有真心热爱我们的大家园，真心建设我们的大家园，才会被这个大家庭所爱，才能获得最根本的精神寄托，家庭的存在才会更有意义，家庭的幸福感也会越来越强。如果与国家不"和"，法规条例就会为家庭幸福亮起"红灯"。

其次，与社会组织"和"是家庭幸福的"中义"。每个家庭要生存、要发展，离不开组织的帮助，家庭的存在感、家庭幸福生活的创造，也要依靠组织去实现，因此，与组织"和"，对社会、对组织无私奉献，带着激情在事业中积极奋斗，生活的意义就会不同，家庭事业就会得到发展，我们的精神世界将会丰满，家庭幸福愈加弥久而持新；反之，与组织"不和"，家庭的生存与发展就会受到制约，矛盾冲突就会为家庭幸福危机拉响"警报"。

再次，与社会人"和"是家庭幸福的"小义"。家庭成员与社会人，是服务与被服务的关系，是作用与被作用的过程，"己所不欲，勿施于人"，俗话讲"想要别人怎么对你，你就怎么对待别人"，一个家庭与社会人和谐相处，其言行举止就是社会人与之相处的一面镜子。"和"即可获得"善"的回报；"不和"则招致"恶"的伤害。家庭幸福就在这一善一恶的力量中博弈，你利于他，他就利于你；你想要幸福，先为他人给出幸福。

第十四章　"和"为齐家之策

以"和"为道，为家庭获得运势、财富、快乐、健康和幸福"新五福"指明了方向。以"和"为策，主要通过家风、家规、家教揭示以"和"齐家的基本方略。

"和"为家风之本，即围绕"和"建设家庭文化，并通过家风，影响国风。

"和"为家规之用，即围绕"和"建立家庭规制，并通过家规，保障家风。

"和"为家教之策，即围绕"和"开展家庭教育，并通过家教，形成家风。

第一节　"和"为家风之本

"和"为家风之本，意在强调家风建设，要把"和"作为首要的根本问题来抓，把"和"的处世观贯穿到家风建设的始终，以"和"为贵要得到家庭祖祖辈辈的传承，以此形成良好的家庭风貌，并通过和谐家庭建设，推动和谐社会建设。

一、家风处处需要"和"

家风，是一家之风。对祖宗世法的传承，对家族精神的铭记，对处世风貌的展现，对家庭风尚的描绘，对未来前景的向往。家风导引一家人的行为，影响一家人的人生，凝聚一家人的力量，以"和"为贵是核心！

家风，是一国之风。家风好则族风好、民风好、国风好，"一家仁，一国兴仁；一家让，一国兴让"。多个家的家风，共同构成民族的璀璨文明，共同形成民族的核心竞争力，共同汇聚发展组织和振兴国家的力量，以"和"为贵是灵魂！

好家风，是"家"的文化。以"和"统一家庭的思想，建立家庭的道德观，凝聚家庭的团结，约束家庭的行为。祖孙、父子、婆媳、夫妻、兄妹，团结就是力量。好家风，"和"与每一个成员如影随形，是割不断的血脉，离不开的食粮！

好家风，是"国"的力量。"和"时时体现在思想和行动上，爱家、爱国、爱和平，和谐、健康、积极向上，世代正念、正知、正能量！为推动民族发展和社会和谐发愤图强，是社会各行业发展进步的支撑，是国家建设离不开的力量！

家风处处需要"和"！

没有"和"，心太累！争吵、打闹的家，不是家人愿意待的家；

没有"和"，事太难！烦躁、萎靡的家，不是能干成事业的家；

没有"和"，祸太多！猜忌、排斥的家，迟早是分崩离析的家；

没有"和"，人将不仁！老不能安，壮不能志，少不能学，父不能慈，子不能孝，夫不能爱，妻不能守，婆不能忍，媳不能让，男无以力，女无以容！

没有"和"，家不是家！家如空壳，家如驿站，家如坟墓，家如战场，家不是幸福的港湾，不是温馨的乐园，家如传染源，让人躲之不及，招人厌烦！

一个家没有"和"，纵然学习再多知识，掌握再多专业技能，人不会与人相处，一切都有可能陷入风雨飘摇，皮之不存，毛将焉附？夫妻不和、婚姻不稳定，婆媳不和、家庭不和谐，父子母子不和、子女教育难，兄弟姐妹不和、家庭发展缓慢，金钱赚到了感情和健康丢掉了，物质丰满了精神空虚了，诸如这样的家庭问题都是由家庭文化建设忽略"和"引起的！

"以和为贵"的家庭文化建设应该引起全社会家庭的高度重视，"和"是真正把一个幸福家庭支撑起来的首要！家风处处需要"和"！

二、中国家风处处"和"

家"和"万事兴的处世观，在中国传统文化中占据十分重要的地位，古往今来许多脍炙人口、令人深思的"家教联"和"家谱"，是极其宝贵的精神财富。

　　　　清·范寅家风之"和"：家弗和，防邻欺；邻弗和，防外欺。

　　　　明·徐渭家风之"和"：家有一心，有钱买金；家有二心，无钱买针。

　　　　清·林则徐家风之"和"：不孝父母，敬神无益；兄弟不和，交友无益；存心不正，风水无益；行止不端，读书无益；心高气傲，博学无益；做事乖张，聪明无益；时运不济，妄求无益；妄取人财，布施无益。

　　　　周·姬旦《诫伯禽书》家风之"和"：故旧无大故则不弃也，无求备于一人。君子力如牛，不与牛争力；走如马，不与马争走；智如士，不与士争智。德行广大而守以恭者，荣；聪明睿智而守以愚者，益。

南宋·陆游《放翁家训》家风之"和"：训以宽厚恭谨，勿令与浮薄者游处。自此十许年，志趣自成。

《琅琊王氏家训》家风之"和"：夫言行可覆，信之至也；推美引过，德之至也；扬名显亲，孝之至也；兄弟怡怡，宗族欣欣，悌之至也；临财莫过乎让：此五者，立身之本。（琅琊王氏，是我国古代顶级门阀士族，晋代四大盛门"王谢袁萧"之首，素有"华夏首望"之誉称。《二十四史》中记载，从东汉至明清1700多年间，琅琊王氏共培养出了以王吉、王导、王羲之、王元姬等人为代表的35个宰相、36个皇后和36个驸马以及186位文人名仕。）

《朱子治家格言》家风之"和"："与肩挑贸易，毋占便宜；见穷苦亲邻，须加温恤""刻薄成家，理无久享；伦常乖舛，立见消亡""重资财，薄父母，不成人子""见富贵而生谄容者，最可耻；遇贫穷而作骄态者，贱莫甚""人有喜庆，不可生妒忌心；人有祸患，不可生喜幸心"。关于家与国关系提出"读书志在圣贤，非徒科第；为官心存君国，岂计身家"。

这些传统文化的精髓是中华民族优秀的文化传承，也是五千年中华文明璀璨不绝的基本基因。除此外，中国革命先辈的"红色家风"构成了中国特色家风的又一道"靓丽风景"，可谓是中国文化的"软实力"，对社会家风建设具有十分重要的影响和推动。

中国领导人的红色家风之"和"： 即老一辈无产阶级革命家和各个时代的优秀共产党人在长期革命实践、社会主义建设和改革开放历史进程中形成的家庭风尚，是中国共产党人精神和优良传统的重要组成部分，其主要特征是强烈的民族情怀、国家意识和家庭成员之间完全平等的关系。例如，毛泽东的"家风"充分体现了富有家国情怀的雄心壮志和伟大抱负。1947年10月8日，他在给毛岸英的信中说："一个人无论学什么或作什么，只要有热情，有恒心，不要那种无着落的与人民利益不相符合的个人主义的虚荣心。"1963年1月15日，他还鼓励李讷："合群,开朗,与同学们多谈,交心，学人之长，克己之短，大有可为。"

一玉口中国，一瓦鼎成家，家是最小国，国是千万家。家庭是构成社会的基本细胞，"和"是构成家庭的基本细胞。"千家万户都好,国家才能好,民族才能好"！ 2015年，习近平主席在春节团拜会上发表重要讲话，强调不论时代和生活格局发生多大变化，中华儿女都要重视家庭建设，注重家庭、注重家教、注重家风，"家风好，就能家道兴盛、和顺美满；家风差，难免殃及子孙、贻害社会。"要紧密结合培育和弘扬社会主义核心价值观，发扬光大中华民族传统家庭美德，促进家庭和睦，促进亲人相亲相爱，促进下一代健康成长，促进老年人老有所养，使千千万万个家庭成为国家发展、民族进步、社会和谐的重要基点。

三、以"和"成家风

良好的家庭文化离不开"和"，"和"对家庭的健康发展具有重要的凝聚作用、导向作用和辐射作用。以"和"成家风，我研究提炼为"三和齐家原则"：

第一"和"：和平，即建立家庭的安全秩序。对内主要指家庭成员之间通过尊重、平等、心平气和的方法统一思想，解决认识不一致及生活各种琐事，不要争吵、打闹，伤害感情甚至身体健康；对外指家庭要遵纪守法，以保证家庭安全。这是一个家庭家风建设的最基本原则，也是社会和谐治理需要家庭做到的根本方面。

第二"和"：和谐，即建立家庭的共生环境。对内主要指家庭成员在理解、包容、谦让的基础上，共同规划家庭发展，根据能力兴趣，做好家庭分工，各就各位，各司其职，相互协调，支持配合，共同热爱家庭并把家庭建设得更好；对外指家庭的文明意识，遵循社会道德伦理规范，这是每个家庭家风建设都要围绕的目标。

第三"和"：和美，即建立家庭的共荣情感。主要指家庭成员具备情投意合、志同道合的特征，大家建立共同的理想，规划共同的学习、工作、生活目标，并朝着这个目标，同心同德，并肩作战，不离不弃；对外指家庭的家国情怀和民族精神，能够将"小家"与"国家"民族伟大事业紧密结合，获得更大意义的家庭成长。这是家庭家风建设努力追求的最高目标。

每个家庭以"和"正家风，不仅家庭可以获得发展和幸福，社会风气也会相应得"正"得以改善。相反，如果小家庭"不和"，则家风不正，家运衰败，整个社会的风气就很难"正"得起来。

"和"为家风之本，意义重大！

第二节　"和"为家规之用

"和"为家规之用，意在强调家规建设中要把"和"放在突出的位置，要把"家和万事兴"的处世观作为家庭规范的重要内容和基础，通过家规建设为家风推行提供重要保障，更好地维护家庭成员与内外的和谐相处。如果家规不能维护家庭和谐，那么就不能称其为好的家规。

家规之用成方圆，法德并举，双管齐下，源头治理，系统规范。家规严，则家风可正、家教向好，正如清代诗人王豫所言"治家严，家乃和；居乡恕，乡乃睦"。家规建设，主要是立、行两个方面的问题，"立"就是建立什么样的家庭管理规范，"行"就是建立家庭管理规范的执行机制。

一、重在平衡，有立有破

立"和"家规，首先要把有利于家庭"和"的规范确立起来，其次要把不利于家庭"和"的因素明确提出。凡是有利于创建良好文化、处理内外部关系、促使家庭健康向前发展的因素就是与"和"相生的因素，是应该提倡和发扬的部分；凡是不利于创建良好文化、处理内外部关系、促使家庭健康向前发展的因素就是与"和"相克的因素，是应该改进和避免的东西。

立"和"家规的克与生、破与立，主要围绕两个层面的内容：

一是观念层面，一般指家庭成员的思想道德、人生观念，如生活观念、学习观念、事业观念、道德观念、婚姻观念以及价值观念，如人对社会贡献、对家庭贡献的态度等。此处主要指切合立"和"家规的主题，包括家庭"和"的家风文化理念，前文所做的"和与新五福"理念、"三和齐家原则"等家风理念，结合家庭进一步细化出来，形成自家"以和为贵"的家庭观念规范，具体表现为可以想什么，不可以想什么；可以这么认为，不可以那么认为；可以朝这个方向，不可以朝那个方向；等等。

二是行为层面，一般指家庭成员的言行举止、做事风格与日常习惯，此处主要指切合立"和"家规的主题，如何把家庭"和"的家风文化理念，细化为具体行为层面的规范和要求，比如可以这么相处，不可以那么相处；可以说什么话，不可以说什么话；可以做什么事，不可以做什么事；可以这么做，不可以那么做；等等。这样，就把"以和为贵"从思想观念层面落实到了行动上，观念指导行为，行为体现观念，家庭的"和"文化家规体系就形成了。

以上两个方面结合，使家庭树立了是非观，正误有了判别标准，就会减少家庭的矛盾、争执，家庭相处氛围会得到质的改变。

二、法德并举，刚柔相济

"和"为家庭道德，亦为家庭法制。立"和"的过程，是家庭道德文化确立的过程，落实到行动中，当家庭成员做得好，就要表扬、激励；做得不好，就要批评、处罚，这就是"法"的层面了。

"和"立家规，既是立德，也是立法，是一个家庭家风建设的"法德并举"。"家之兴替，在于礼义，不在于富贵贫贱"。一切要以"和"出发，与国家和、与组织和、与他人和。立德，给家庭立下正确的价值观、财富观、生活观、处世观，这往往比存下多少金钱获得多大权位更重要。而立法，是维系一个家庭理念落到实处的重要手段和方法，也是德的底线，"没有规矩，不成方圆"，在家规建设中也是十分重要的。

"法德并举"的家规建设，形成家庭管理的刚柔相济，这两个方面相互统一，相互联系，相互作用，缺少任何一个方面都是不完整的家风建设。比如，立德不立法，就会使家庭成员对"和"的认识、和睦相处的重要性停留在口头上，"以和为贵"的家风就会落空，变成口号或者形式，这种家规是没有意义的家规。如果立法不立德，则会降低对"和"的深层次认识，思想观念上不去，行动也不会做到，即使做到也是暂时的，个人习惯不会保持，家庭成员也不会形成一致性，这就不利于家风的形成。

"法德并举"的家规建设，在中国历史家庭管理中就格外重视，比如很多"家规""家训""家约""家仪""家诫""家范""家劝""家语""家矩""家诰"等对家庭都具有很强约束力。从公元550年的北齐开始，到1949年的民国为止，这1400年间，中国总共出版的有关家训的专著，有

122 部。其中有被誉为"古今家训之祖"的北齐颜之推的《颜氏家训》，有北宋司马光的《温公家范》，有明朝吴麟征的《家诫要言》，清朝朱柏庐的《治家格言》。这些家训不仅弘扬了中华民族的传统美德，也为家庭成员制定了道德准绳和行为规范。内容基本涵盖忠贞报国、恪尽职守、敦品厚德、读书深造、克己奉公、重义守信、勤劳节俭、谦虚谨慎、勇敢坚韧、自立自强、清正廉洁、宽厚诚实、团结友爱、和睦家庭等等，不仅有神圣的权威性，而且有强大的说服力和威慑力，可以说入世很深，悟道很彻，阐理很透，所以让后代们每读每有启悟、每阅每有策警。

"法德并举"的家规建设，直至现在对我国家庭家风建设发挥着重要作用，比如家庭中经常提到尊老爱幼，团结互助，谦虚礼让，设身处地，善解人意，甘愿吃亏等等，通过一代代父母长辈传导给子孙后代，形成了具有代表性的家风、民风。京剧《红灯记》里唱道："栽什么树苗结什么果，撒什么种子开什么花。"现在各地区开始兴起姓氏宗亲、寻根问祖活动，也是对历代家族古训的一种追寻和发扬，体现了家族之间和谐相处的可贵性。

2016 年 1 月，十八届中纪委六次全会上，习近平同志语重心长地叮嘱，家里那点事"要留留神，防微杜渐，不要护犊子"。否则，"触犯了党纪国法都要处理，而且要从严处理"。没有规矩，不成方圆，以习近平同志为核心的党中央为家风建设定下了"明规矩"："禁止利用职权或影响力为家属亲友谋求特殊照顾，禁止领导干部家属亲友插手领导干部职权范围内的工作、插手人事安排。"领导干部带头加强家规建设的"法德并举"，必将为整个社会的家规建设注入动力。

三、知行合一，必有余庆

知行合一，则"积善之家，必有余庆；积不善之家，必有余殃"。好的家规立起来，还要做下去，不仅一个人做，要一家人做，这样才能形成大家"和"，全家"和"，国家"和"。贪官刘铁男在儿子刘德成小时候便告诉他，"做人要学会走捷径，要做人上人"。其子"从小就觉得钱是万能的，有了钱就有了一切"，当其子弄权敛财时，他怎么可能秉公用权？

知行合一，则要求家长要带头遵守，长辈要做好榜样，家人之间、与社会人之间要相互监督推动。一个人在家庭中尊老爱幼，谦虚谨慎，克勤克俭，严格自律，讲原则，重正气，在单位里、社会上也必然能够表现良好；反之，一个人在家庭中我行我素，没规没矩，无法无天，无情无义，耍奸使坏，损人利己，既不把道德要求放在眼里，也不把法律规矩放在眼里，久而久之，就不免成为家庭的孽子、社会的败类。没有好的家规家风，既难以清白做人，也无法专心做事。

家风纯正，雨润万物；家风一破，污秽尽来。家风隳坏，祸及全家，殃及社会。

第三节　"和"为家教之策

"和"为家教之策，就是把"和"作为家教的立足点，增强家教效果；把"和"作为开展家庭教育的主要内容，贯穿家教的始终。通过集中教育、规范引导，加强督促，扶正祛邪等手段，落实"和"的家规，形成"和"的家风。如果不将"和"作为家教之策，那么由于家庭不能和谐相处等人为因素，就会给其他家庭教育效果造成危害。

一、"和"鸣道"和"开道

家庭"和"文化的教育至关重要，北宋·司马光《家范》中讲道：为人母者，不患不慈，患于知爱而不知教也。爱而不教，使沦于不肖，陷于大恶，入于刑辟，归于乱亡，非他人败也，母败之也。"玉不琢，不成器；人不学，不知义。"家庭道德和谐教育问题自古以来就受到人们的关注，并被看作是社会治理的重要方面。

家教要以"和"鸣道，主要是教育家庭成员的处世观，如果一个人不会与人和谐相处，那么学习再多的琴棋书画、专业技术都没用，有时候因为道德沦落，能力越大对社会的危害越大，给家庭造成的危害也越大。

中华民族素有"礼仪之邦"之称，向来重视家教中的道德教育。早在战国时期，便有了《孟母三迁》和《曾子杀彘》的优秀家教故事，三国时期著名政治家诸葛亮也是一位品格高洁、才学渊博和注重家教的父亲，他在《诫子书》中这样教育他的孩子："非淡泊无以明志，非宁静无以致远。"正是因为有孟母、岳母这样伟大母亲的家教，才有了孟子、岳飞这样一代又一代的伟人。

纵观中国传统的成功家教，无不是首先体现与人、与国家、与社会和谐相处的"和"文化，"己所不欲，勿施于人"是一种"和"；"严于律己，宽以待人"是一种"和"；"勿以善小而不为，勿以恶小而为之"是一种"和"……

以"和"鸣道，为家人开辟的是金光大道，为家庭带来的是因"众人拾柴火焰高"而无往不胜！

二、集中教育，扶正祛邪

人的教育是一项系统的工程，修身，齐家，治国，平天下，十年树木百年树人，家教也要树立长期坚持不懈的思想，才能取得理想的效果。

一方面，要加强集中教育。和谐相处，不是独处。因此，能不能和谐相处，就不是单方面的问题，不是一个人想和谐就可以和谐的问题，而是牵扯到双方面或者多方面的关联。所以，一个家庭的家教，要涉及自上而下，男女老幼，凡是家庭成员都是家教的对象。如果只教育儿子，不教育媳妇；只教育孩子，不教育父母；只教育女婿，不教育女儿；都不可能达到以"和"鸣道的家教效果，也就不会得到家庭的和谐相处。

另一方面，要加强扶正祛邪。因为人的思想容易受外界影响，面对不同环境，不同的人和事，或者某项事情顺利与不顺利，个人身体健康与不健康的时候，情绪都会产生波动，思想也就容易出现反复。而且，特别对于思想观念等意识形态问题的理解，在还没有固化形成一种自然的行为习惯之前，都会出现忽高忽低、有时理解有时不理解、有时做得好有时做得不好等变化。人与人相处是一个持续的过程，俗话讲"十次对人好记不住，一次对人不好就记仇"。所以，以"和"鸣道的家教，更加是一项"反复抓，抓反复"的过程，不断地扶正祛邪，肯定并树立好的，否定并规避不"和"，不可有丝毫懈怠，否则就会前功尽弃。

家教之策在"和"！家教好，则家风普及，家规施行。不仅学会加强家庭内部教育，同时学会与社会教育、组织集体教育等相结合，相互影响，相互作用，那么，和谐良好的家风就必然会一代比一代强。

第十五章 "和"为齐家之法

"和"为齐家之法，即以"和"作为家庭治理的法则。

"和"为齐家之法，一是坚持"不损害"家庭之"和"，二是坚持"有利于"家庭之"和"。这是思想观念的两个递进，也是行为表现的两个递进。前者是对家庭成员"守法"的要求，后者是对家庭成员"立德"的目标。前者是家庭成员作为"普通公民"的行为标准，后者是家庭成员作为"贤能人才"的行为标准。

第一节　坚持不损害家庭"和"之法

"和"是解决一切家庭矛盾冲突的法宝，是打开家庭幸福之门的金钥匙。没有与家人的"和"，就相当于给家庭关上了幸福和发展的"小门"；没有与组织、社会、国家的"和"，就相当于给家庭关上了幸福和发展的"大门"。家庭就无从发展！为此要做到"四个不损害"：

第一，不损害与国家"和"。国家利益至上，不可侵犯！国家法令如山，不可违背！国家形象至上，不可损伤！无论身在何方，都是国家的人！不论官位高低，都代表国家！不论财富多少，都要爱国家！与国不"和"，就失去根基；被惩罚的，必是损害与国之"和"者。

第二，不损害与组织"和"。社会生态由组织构成，家庭依托组织生存，挑战组织就是挑战生态，损害组织就是拆自己台！不论官、民、学、商，谁可以离开社会唱"独角戏"！不论穷家富家，都不可与组织对垒！存在，才是真理，爱家就要爱集体，不损害组织就是不损害自己！

第三，不损害与他人"和"。这个世界上，只有你我他！你是我的"撇"，我是你的"捺"，一撇一捺方为人，害他就是害自己！不论贫富贵贱，不论闹市僻壤，众生平等，珍惜情缘，没有争出来的高低，没有躲不开的"墙"，退一步海阔天空，不损害他利也就保全了私利。

第四，不损害家庭之"和"。前世的无数次回眸，换来了今生的相守！不是一家人，不进一家门！世界人类的70亿，同根同络，相煎何太急！不要斤斤计较，利益得失大不过亲情！不要遇困难就相互指责，没有过不去的坎儿！人心齐泰山移，损害家庭，无异于自断手臂。

第二节　坚持有利于家庭"和"之法

"和"是培育社会生态的法宝，家庭、组织、国家是这个生态的基本构成。有了与家人的"和"，就有了一个美丽的后花园；有了与他人、组织、国家的"和"，就有了一望无际的大草原！天苍苍，野茫茫，风吹草低见牛羊！你的家，我的家，国的家，蓝天、白云、碧海的世界，繁华、富裕、和谐的家园，就是我们追求的"人类文明屋脊"！这一切，只需我们共同完成对家庭、对他人、对组织、对国家之"和"的"有利于"：

第一，有利于与国家"和"。利于国家的话多说，利于国家的事多做。

第二，有利于与组织"和"。利于组织的话多说，利于组织的事多做。

第三，有利于与他人"和"。利于他人的话多说，利于他人的事多做。

第四，有利于家庭之"和"。利于家庭的话多说，利于家庭的事多做。

做到"四个不损害""四个有利于"，家庭之"和"生态必成！家庭之"和"发展必成！家庭幸福无路可挡！家庭兴旺无路可挡！

修身篇

一缕阳光，会照亮一分黑暗。

一条小溪，会滋养一方生灵。

一把种子，会带来一派丰收。

一份关怀，会温暖一片心田。

万物，皆装点世界。人生路上，是自己，又不只是自己！一花一树一世界，一人一生一菩提。在 5.11 亿平方公里的地球上，请认真想想，你看到了多大的世界？你容纳了多大的世界？你拥有了多大的世界？

人的一生，为何这么难？

做人难，难于上青天！这是很多人的感叹。

那么，人生难在哪里？

有人说，难在过日子！升学，就业，买房，嫁娶，顾幼，孝亲，养老，柴米油盐，锅碗瓢盆，无论阴晴圆缺，贫富高低，日子都要一天一天过，想得到而得不到，想更好却够不着，难！

有人说，难在做事业！找工作，升职位，提干，长薪，办公司，搞项目，八仙过海，各显神通，恨不得把人一个当成几个用，把钱一分掰成几分花，世事维艰，大浪淘沙，不进则退，难！

某大学研究生坠楼自杀身亡，他留下遗书说，"儿子不孝，找不到工作……不愿意成为家里的拖累"。

一对同学大学毕业分配到同一家单位，能力低的对能力高的产生嫉妒排斥心理，工作不支持反而打击，最终被领导下放基层。

一对夫妻高速路上接一合作伙伴退货电话，为此二人发生口角，致使严重的追尾交通事故，一家三口当场死亡。

一对姐妹争强好胜，经常为谁给家庭贡献更多、谁对父母孝敬更好发生争执，最后导致断绝关系和家庭往来。

一对兄弟自幼相亲相爱，长大后各自在外打拼出一片新天地，但因为生活小事产生误会，影响了大家庭的团结。

一个老板心胸狭窄，刚愎自用，对利益得失从不让步，经常把合作伙伴告上法庭，导致没人敢与之共事。

一位年轻人因家庭背景飞扬跋扈，说话占上风，做事独断专行，甚至朋友的吃喝拉撒也都必须"遵命"，结果变成孤家寡人。

人的一生，究竟难在哪里？

我认为，不是生活事业本身，而是关系生活幸福和事业顺利的人际关系！

人生难，难在路不通！

当人与人之间富有真情而不是淡漠，当亲人都能珍惜缘分不再互相消耗，当兄弟姐妹都能重视亲情紧紧抱团，当夫妻都能相敬如宾互相支持，当合作伙伴都能理解包容，当人不再有地位财富的骄傲而以真诚平等相待，当有志者都能专注做事不为金钱和矛盾纷扰……

当每一个人都能先看到世界的美好，先想想自己置于美好世界的哪里，先思考如何装点世界的美好，先看到和重视身边的每一个人，先服务和有价值于身边的每一个人，先为有幸在生命里遇到的每一个人奉上热情和支持，先为社会真心付出而不贪图回报……

那么，作用与反作用就会形成！人们常说："生活就是一面镜子，我对你微笑，你也对我微笑！"而人生就是一段路程，我为你修路，其实也在你修的路上行走！难与不难，取决于"路"！"我为人人，人人为我"，让人生不难的路就在每个人的脚下！是阳光大道，还是羊肠小道，取决于我们是否"修路"？修什么"路"？

这条路，是把你我他连起来的路！

这条路，是缩短人与人距离的路！

这条路，是可相互抱团取暖的路！

这条路，是共同抵御风雨雪的路！

这条路，是人世间顺达通畅的路！

这条路，是最具发展幸福力的路！

"和"之路，前程似锦，指引人与人共生、共处、共赢的康庄大道！

修路——让你的、我的、他的、大家的人生不再难！

——《人的一生难在哪里？难在路不通！》

笔者的这篇文章自 2011 年发表以来，全国各大网站纷纷转发，很多人认为给他们点亮了一盏人生路上的明灯，意识到与人和谐相处"修路搭桥"的重要性，并因此对生活、工作、学习现状的改变起到了积极作用。一个人想要人生不难，就必须获得基本的生存环境和更好的发展机会，前提是必须先修路！

修一条"共生"的路——与人和谐相处！

修一条"共处"的路——与人合作共事！

修一条"共赢"的路——不可过河拆桥！

修一条"幸福"的路——力求天下为公！

以"和"修身，阔步前行！

人生，需要修路；修路，需要修身；修身，需要"和"！

修身的过程，古人看是一个"明德、亲民、止于至善、格物、致知、诚意、正心"的过程，在我看其实就是人与人要达到共生、共处、共赢的过程。人与人不能做到共生、共处、共赢之"和"，怎么能实现"齐家、治国、平天下"？

常言道"朋友多了路好走"，一个人只有具备了与他人、组织、国家的"和"，只有与之共生、共处、共赢，才能说明自身各种素养、能力、情操提升了，"修身"修好了，就会有更大范围、更多人群愿意与之相处并合作共事，前进的道路会被拓宽，各种有利机遇将会展现，生存与发展才能变得不那么难。

路在脚下，需要不断"修身"。"和"是修身的手段，也是修身的目的。以"和"修身，阔步前行！

第十六章　　"和"为修身之道

"和"为修身之道，就是把"和"的处世观，融入修身之中。"活到老，学到老"，修身是一个持续不断的过程。

以"和"修身，是每一个人生存和发展的需要。生存和发展是每个人在这个社会上都会面临的两大问题，在这两个问题的解决过程中，个体的力量是十分有限的，需要依靠他人、社会、自然条件的帮助和支持，相处融洽了，才能获得"三层需求"即物质需求、心理需求和精神需求的满足，这个过程离不开以"和"修身。大量事实证明，很多情况下，由于人与他人、与组织、与国家发生矛盾，产生冲突，小到心灵受到创伤，大到身体健康受到严重损失，甚至发生伤亡，危及生命，生存和发展根本无从谈起。而生存发展得好的人，都是因为建立了良好的家庭关系、社交关系和公共关系。

人在一辈子生活、学习、工作的过程中，需要不断围绕"和"进行自我完善，以创建共生、共处、共赢的个人和谐生态。"和"陪伴一个人修身的始终，一刻也不能懈怠。"和"，则修身好，道路畅通，人生幸福美好；

"不和"，则修身欠缺，道路受阻，人生灰暗无华。

第一节　"和"为生存之本

生存，就是立足，即人所需基本条件的满足。当自给自足的社会离我们远去，当这个世界突然变得"很小"，人的需求和合作的范围突然变得"很大"，生存就已经不是一个人、一家人的事情了。从一个社区的人与人相互影响，到一个地区的人与人相互影响，现在是一个国家、一个世界的人与人相互影响。越来越大范围内的人与人之间相互依存，说明"共生"越来越重要，"和"也越来越重要。

一、减少生存破坏的共生之"和"

我们每一个人，不论国籍、民族、血统、肤色，都不是孤立地在地球上生存的。从人类历史发展的长河中不难得出结论，无论哪个阶段、哪种形式，人的生存法则充分揭示了一个道理，就是只有人与人之间和谐相处、相互依存，共同创造、共同抵抗自然灾害、共同维护自然生态平衡，才能获得赖以生存的天然屏障和物质保障，才能获得更美好的生活。

一方面，自然条件破坏难以共生。如前文所讲，因为自然环境受到侵害，人的第一生存条件，即自然健康就会受到极大考验。试想，如果就没有乱砍滥伐，就没有西北的沙尘暴，更没有雾霾从北方一路向南下。若要我们赖以生存的土地、矿物质、庄稼、河流、鱼虾不再变质，若要我们的身体健康指标不再因空气污染和环境破坏而下降，就要人的全面团结协作，不仅树立"生态情感之和"意识，而且作为"生态行为之和"教育普及的一分子，大家共同以强大的共生之"和"来保护自然，减少对生存环境的破坏。

另一方面，生存条件破坏难以共生。每一个人都有一个生态圈，这个生态圈就像一个"同心圆"一样，由小家庭，到大家庭；从居家过日子、同在一个屋檐下生活，在一起做工作、低头不见抬头见的朝夕相处，环境、设施、秩序、气氛，由内而外地一波一波扩散开去，想要不与任何人发生关系是绝对不可能的。这个生态，无时无刻不影响人的生存质量，需要每个人自觉主动地规划，要建设不能践踏，要维护不能破坏，要尊重他人的习惯而不是一味主观同化，要关注他人的意见而不是执意威服强压，只有和谐共处，才能和谐共生，基本的生存条件得到保护。才能达到共赢。

二、抵御生存灾难的共生之"和"

人类会面临造成崩溃性打击的各种灾害！在灾害面前，一个人，或者一部分的力量都是很微弱的，当"暴风雨来临""天塌地陷"的时候，需要大家快速聚集，携手进行抵抗。

威胁人的生存和生命的危机，一是自然灾害，如洪涝、干旱灾害，台风、冰雹、暴雪、火山、地震、滑坡、泥石流、风暴潮、海啸等等。二是人为影响，如人为引起的火灾、交通事故和酸雨等。我国历史上发生过多次自然灾害，例如，1976 年的唐山地震，1991 年的特大洪水，2002 年的"非典"疫情，都造成了不同程度的人员伤亡。

2008 年，"5·12"汶川地震，波及大半个中国及亚洲多个国家和地区，北至辽宁，东至上海，南至香港、澳门、泰国、越南，西至巴基斯坦均有震感。造成 69227 人死亡，374643 人受伤，17923 人失踪，是中华人民共和国成立以来破坏力最大的地震。抗震救灾和灾后重建的过程中，在党和政府的坚强领导下，全国各地党政军民一起行动，国际组织和世界各国伸出援手，充分展示了"万众一心、众志成城，不畏艰险、百折不挠，以人为本、尊重科学"的伟大精神，充分体现出人与人共生的伟大力量。

在灾难面前，人的团结是空前的，有时可以超越人的极限，创造出不可想象的奇迹。如果把这种"和"的力量发挥在日常生存条件的建设中，那将是什么样巨大的力量！这是我极力主张以"和"修身，求得生存和发展的原因所在。

第二节　"和"为发展之道

发展，是一个由小到大、由简单到复杂、由低级到高级的过程，既有量的变化，也有质的变化。在这个变化的过程中，唯一不可变的是人与人的"和"。

一、发展借力需要"和"

没有一个人能够将所有的发展资源和条件全部都具备，也没有一个人可以将发展的所有力量全部都发挥。简单地说，每一个人的发展过程，依靠自己力量远远不够，发展不是一个人干的事，大发展更加不是一个人或者几个人就能干成的事。发展需要借势借力！每走一步路，每一个发展阶段，都需要借助外力。没有外力的协助，尽管自己有天大本事，也无力改变现状，也无力把事业推进下去。

一方面，发展需借力。刘邦曾说："夫运筹帷幄之中，决胜千里之外，吾不如子房；镇国家，抚百姓，给馈饷，不绝粮道，吾不如萧何；连百万之众，战必胜，攻必取，吾不如韩信。三者皆人杰，吾能用之，此吾所以取天下者也。"发展借力，就是弥补自己的不足，通过他人的长处，规避自己的劣势，形成发展的优势。

另一方面，借力需和谐。发展中，"单干"的思想是愚蠢的，"小家子气"。如果总是抱有"有他五八，没他四十""个人英雄主义""一股独大"等不合作态度，就会导致与合作伙伴观念上的"不和"，行为上的"不和"，这种"不和"对发展的影响有时是致命的。只有把"和"的品质根植于思想观念中，贯穿于一切行动中，学会借力，才能支撑自己克服发展中的困难，获得发展力的生生不息。

就像一棵小树，要长成参天大树，需要一个好生态。生态越好，其根越深，叶越茂，果越丰。一个人也一样，想要向上生长，就必须借助"生态"的力量，有了生态，就容易扎根。这个生态，就是与"大家"和"集体"的共生、共处，借以改变不利的生存条件，创造有利的生存条件。守住与人的"和"，就守住了发展的"根深蒂固"，就容易站得稳，立得正。守不住与人的"和"，就等于伤了根，"根基不牢，地动山摇"，发展必然受到危害。

二、发展合力需要"和"

人的发展，既是个体力量最大化运用、个人发展资源最大化开发、个人发展目标全面实现的过程；也是一个充分借力、合力，与各种力量融合、对各种资源调动、在实现集体目标下同时实现个人目标的过程。这个过程，时刻离不开人与人心的凝聚，人与人力量的聚合！

中华民族之所以能源远流长，就是因为有传统"和"文化的处世观，各个地区的中华儿女，团结一心，顽强拼搏，共同把生活建设得更好，共同使祖国由小变大，由弱变强，屹立于东方，体现出难能可贵的共生精神。我国历史上，有很多这样的杰出代表，他们顾全大局，和谐相处，团结一心，众志成城，将个人的发展力量集合起来改变一个地区，通过改变地区的发展环境进而改变了个人的发展命运，把荒凉建设成为繁荣，把落后改变成为先进，其精神值得赞颂。

大兵团的"和"合力。1954年10月，中央人民政府命令驻疆人民解放军大部集体转业，脱离国防部队序列，组建生产建设兵团，其使命是劳武结合，屯垦戍边。这是一支从红军、八路军延续下来的英雄部队，这些老红军老八路经历了土地革命战争、抗日战争和解放战争各个时期。兵团建设中，他们坚一手拿镐，一手拿枪，在新疆荒原上谱写了屯垦戍边的壮丽诗篇。50年来，一代代兵团人"保生存、促发展"的建设事业不断壮大，如今总人口已有254万人，下辖14个师、185个团场、517个独立核算工交建商企业和一批科教文卫体社会事业单位、上市公司、大学、农垦科学院及国家级经济技术开发区。兵团人与兵团共生，促进了兵团与地方共生，实现了兵团与兵团人共生，这就是个人追求发展合力的理想境界。

状元县的"和"合力。众所周知的甘肃会宁县，是国家级贫困县，干旱少雨，土地贫瘠，那里的人祖祖辈辈靠天吃饭，常年喝的是雨水，吃的是土豆，生活十分贫穷落后。改革开放后，会宁人的思想发生了变化，他们把精力集中到人才的培养上，哪怕再穷也要把教育搞上去，"学生苦学，家长苦供，教师苦教"。经过努力，会宁县成了在全国高考中有名的状元县，毕业后的莘莘学子很多进了党政机关及事业单位，他们为家乡发展出谋划策，加上国家的一系列脱贫致富政策，如今会宁发生了翻天覆地的变化。

育人和，兴地利，易天时！将力量聚合捆绑在一起，是为了由弱变强。"山舞银蛇，原驰蜡象，欲与天公试比高。"人类的团结精神，在改变共生环境和创造共生条件方面，具有十分强大的力量，这种"和"的精神就是新时代愚公移山的精神。如果把这种精神用在与领导同事，与合作伙伴，与供应商，与消费者，与主管部门，与社会，与国家，追寻共生、共处、共赢的发展征程中，那么个人的发展力将会成倍增长。人"和"是多么的宝贵，它是人类生存与发展的源泉！

第十七章　"和"为修身之策

"和"为修身之策，即在个人生存与发展的过程中，必须把"和"的观念、"和"的行为、"和"的结果，不断作为修身的一种观念、一种方法、一种要达到的境界。修身，修到什么程度，以"和"的程度来判别。

第一节　"和"为立世之本

如何在这个社会上拥有一席之地，就是"立世"。你的存在，是得到社会承认的；你的价值，是得到社会赞许的；你的作为，是对社会有用的；你的发展，可以代表社会发展主流的。

通过研究，我提出以下"三和立世"的人生哲学观：

第一是立志，即个人的世界观、人生观、价值观、理想信念，这是一个人"为什么活在这个世界上"的问题，也是以什么样的态度在社会上立足的认识问题，是指南，是纲领。

第二是立行，即个人的行动，包括言行举止、所学所为等，这是一个人"为这个世界做什么"的问题，也是对世界观、人生观、价值观、理想信念的实际践行，是行动，是规划。

第三是立誉，即个人获得的社会评价，包括个人所在国家、组织、家庭等给予的评价，对其的褒贬，这是一个人"把什么从这个世界上带走"的问题，是动力，也是约束。

立志、立行、立誉，三者结合，使一个人具备了与国家的"和"，与"社会"的和，与家庭的"和"，所以称为"三和立世"。做到"三个立"，达到"三个和"，就找到了修身的最高境界，就能将不利因素转化为有利因素，将被动适应转化为主动开拓，为个人生存与发展奠定基础，创造条件。

一、立志之"和"

为什么活在这个世界？这是一个正本清源的志向问题，"源净则流清，本固则丰茂"，有志者事竟成，一个人要有所作为，必须把这个问题回答好。

如果把这个问题搞清楚了，人活着就有了方向，有了目标，有了动力。只有这样才能坚持活下去，坚持选择更好的生活方式。如果回答不好这个问题，人生的其他问题也难以回答，人生也不会圆满。

人活着的第一层意义，应该是对生命负责，对上，是给予我们生命的父母；对下是我们给予生命的子女。人的生命只有一次，应该爱护和珍惜，存在才是真理，这是"小志"。

人活着的第二层意义，应该是对家庭负责，家庭是我们身体休息和心灵安放、精神归属的港湾，家人给予我们，我们也要对家人负责，要共建幸福家园。

人活着的第三层意义，应该是对社会负责，为更多人有所创造和帮助，往大处讲，为人类、国家、组织而反哺；往小处说，光宗耀祖，造福家人，激励后代。这是"大志"。

司马迁说：人固有一死，或重于泰山，或轻于鸿毛。臧克家在纪念鲁迅逝世十三周年的诗中写道：有的人活着，他已经死了；有的人死了，他还活着。他们都是认识到人为什么而活，才发出这种关于人生价值的慨叹。目前，社会普遍存在一部分人浑浑噩噩，无所事事。问题就出在他们不知道自己为什么而活，不知道生命的意义究竟是什么。这样活着就没有持久的动力源泉。结果导致他们做一天和尚撞一天钟，活一天是一天，做官的不知道为什么做官，经商的只知道为自己赚钱，读书的就是为了考分考学找工作，工作的只知道干好眼前的活拿到工资买米买面买房车。

梁启超在《论毅力》中讲，人生顺境只占三四，逆境占六七。人的一生，总会碰到这样那样的困难和挫折，没有大志向就很难具有大格局，格局不大，境界不高，一方面很多的机遇会丢掉；另一方面对学习的坚持，对工作的坚持，对原本极有意义和价值的事情的坚持，在面对阻碍时，就会停下脚步。所以，凡是成功之人，无不是走出小志，树立大志，因为他们知道"求其上者得其中，求其中者得其下，求其下者无所得"。只有为国家而活，为集体而活，为他人而活，为家人而活，自己为自己的"活"建设和谐美好的生态。

二、立行之"和"

为这个世界做什么？这是一个人在生活的岁岁年年都要具有的行动思考和规划，围绕自己的世界观、人生观、价值观、理想信念，有何学？有何为？如何提升"才华匹配梦想"的能力素养？如何规范自己的言行举止？每一年，每一月，每一天，对家人，对团队，做什么？怎么做？以此对照展开行动，并时常进行检查和完善。

立行，是立志的具体体现，"立大志"，必然"行大善"。一个人的伟大行动必然来自于伟大精神，英雄之所以可以永垂不朽，其言行不仅体现在自己，而且能够让后世学习和追随，与常人他们相比他们更加了不起。雷锋同志，就是这样一位杰出的"年轻战士"，他"永远活在人民心中"！从《雷锋日记》里，处处展现出他"立大志""行大善"的和谐思想，无不让人感动和敬仰！1960年1月8日，入伍头一天就给自己"立行"：在党的正确领导下，在革命的大家庭里，一定要好好地锻炼自己：

1. 听党的话，服从命令听指挥，党指向哪里，我就冲向哪里。

2. 加强政治学习，多看报纸和政治书籍，按时参加部队各种会议和学习，积极宣传党的政策，密切靠近组织，及时向组织反映各种情况，不断提高自己的政治思想觉悟。

3. 尊敬领导，团结同志，互帮互爱互学习。

4. 严格遵守部队一切纪律，做到虚心向老战士学习，刻苦钻研，加强军事学习，随时准备打击敌人。

5. 克服一切困难，发扬长辈优良的革命传统。我要坚决做到头可断，血可流，在敌人面前决不屈服、投降。我一定要向董存瑞、黄继光、安业民等英雄的战士学习。

6. 我要努力学习政治、军事、文化，我要好好地锻炼身体，我一定要在部队争取立功当英雄，我一定要做一个毛泽东时代的好战士，我要把我可爱的青春献给祖国最壮丽的事业。

雷锋同志除了把以上六条作为努力的方向和奋斗目标，还时刻不忘记结合新工作和新感受给自己"立行"。

　　1961 年 1 月 1 日：1960 年已过去了。新的 1961 年在今天已开始，今天我感到特别的高兴。入伍一年来，我在党和首长的培养教导下，由于同志们的帮助，使我学会了很多军事技术知识。刚入伍时什么也不懂，手拿着枪还心惊肉跳只怕走火。由于连、排首长把着我手教，因此我才学会了射击，投弹也是同样地取得了优秀的成绩。汽车理论和实际驾驶学习，每次测验也都是 5 分。在政治上也有很大的提高，特别是学习毛主席著作后，心里变得明亮了，思想和眼界变得更加开朗和远大了，干劲越来越足。由于政治觉悟的不断提高，因此才能在工作和学习中做出一点点成绩。并于 1960 年 11 月 8 日加入了伟大的中国共产党。我从一个流浪孤儿，成长为一个共产党员，这完全是党的培养教育、同志们帮助的结果。

　　1961 年 2 月 2 日：今天我从营口乘火车到兄弟部队作报告，下车时，大北风刺骨地刮，地上盖着一层雪，显得很冷。我见到一位老太太没戴手套，两手捂着嘴，口里吹一点热气温手。我立即取下了自己的手套，送给了那位老太太。她老人家望着我，满眼含着热泪，半天说不出话来。……一路上，我的手虽冻得像针扎一样，心中却有一种说不出的愉快。

　　雷锋同志在入伍两年多时间里，写了百余篇日记，其中《雷锋日记》共选辑 121 篇，约 4.5 万字，这是对雷锋同志的"永久纪念"。雷锋同志身上所具有的"信念的能量、大爱的胸怀、忘我的精神"。正是我们民族精神的最好写照，也是爱党、爱国、爱人民之和谐处世观的生动反映！

　　立行，不仅要言行，还要不断完善言行。"吾日三省吾身"，这既是一个修身的过程，也是一个止于至善的过程。我研究提出一个止于至善的好方法，即"修身每日五问"：一问事，今日主要做了什么？二问果，今日的成绩是什么？三问过，今日有哪些不足？四问因，今日不足是什么原因导致的？五问学，今日有什么学习所得？如果人人每日回答好这五个问题，那么不仅生活、工作、学习有了规律，各种事情合理兼顾而变得有条不紊；而且因为矛盾会越来越少，人际关系会更加和谐，自己的人生也就能达到顺风顺水。

三、立誉之"和"

把什么从这个世界带走？这个问题是很少人思考，或者很难经常思考的问题。俗话讲"人过留名，雁过留声"，一个人在这世上走一遭，总要留一些什么给后代、给社会，除了财产，还有一样更重要的是名誉和精神！

立誉，是为了更好鼓励立志和立行。俗话讲"人活一张脸，树活一张皮"，但凡正常的人，都会很在乎别人怎么评价他，都想留下一个好印象和好名誉，几乎没有人不在乎别人称自己为"坏人"，或者"缺德的人"。我国传统中，娶亲要讲究"门当户对"，男女双方都要各自通过熟人将对方的情况"访一访"，从这家人祖辈、父母、家人在街坊邻居中的口碑，判断这家人的儿子是不是可靠，判断这家人的女儿能不能做好媳妇。因为鉴于负面影响对家庭的不利，而约束自己的品德言行，这就是"立誉"对修身的重要性。

立誉，是为了更好评估立志和立行。我国传统中，有"盖棺定论"一说，即人在离开这个世界以后，会有一个碑文，记录他的一生，很多老人在离世之前就会让人给写好、刻好，看着这份"百年之后"的荣誉"上路"。被多少人记得，或者被夸赞，被怀念，或者被责骂，被唾弃，这是对死去的人分量最重的奖赏或者惩罚了！因为在乎死后被人怎么评价，而管理好自己在世的品德言行，不敢胡作非为、伤亲害理，这也是立誉的作用。现在全国各地建设了很多红色纪念馆，这是对那些大无畏民族革命战士最好的纪念，也是对他们精神的充分认可和的"名誉"的集中展现。很多单位都会有档案，定期将每个人的各种记录收集在档案里，也会有各种考核，对一个人的表现进行评价。有时候，因为评价得有失公允，而引发非常尖锐的矛盾，这说明人对名誉的重视程度。

"金杯银杯不如老百姓的口碑"，一个人增强"立誉"的处世观，爱国家之誉、爱集体之誉、爱他人之誉、爱家人之誉，进而形成个人之誉，对于增进和谐相处十分重要。

第二节　"和"为处事之策

一个人有了处世观的建立，那么在具体的为人处世方面，就有了准确的方向和标准。"和"为处事之策，就是进一步明确以"和"为指导的为人处世方法，知道坚持什么，反对什么，什么该做，什么不该做。

我研究总结为四个字，即：孝、亲、敬、育。是分别针对老人、亲友、长辈、晚辈的处事方法，阐明如何与我们身边的这几类人群和谐相处。

一、孝老之"和"

孝老，一指我们的父母，任何人没有第二次选择生命的可能，对父母的孕育和养育之恩，我们无论做什么回馈都不过分。不仅要养父母身，还要养父母志，给他们物质上的赡养是最基本的"孝"。而子女们往往忽略的是他们的精神需要。"常回家看看"，既要看看他们的饮食起居，还要看看他们的心理是不是愉悦和精神是不是满足。想父母所想，解父母所忧，壮父母所志，鼓励父母在有条件的情况下多与社会接轨。都说"在家敬父母，何必远烧香"，可是如果子女连父母想的都不知道是什么，说话办事总是不能称他们的心愿，那么再好的吃喝穿戴，也只能是"陪老""护老"，而不是真正意义上的"孝老"。

孝老，二指我们身边的每一位老人，"老吾老以及人之老"，这是我们的优良传统，也是人类社会公益情怀所需，更是我国"未富先老"的社会管理所需。把他们的今天看作是自己的明天，对每一位老人，多一些关爱、理解、帮助，积极参与和支持敬老事业，这是陶冶自己功德无量的事业。2016 年，笔者研究形成的《中国养老航母模式》提出公益养老、文化养老、旅游养老、教育养老、作为养老、品牌养老等观念和系统模式，目前正在社会上运用。相信随着社会孝老观念的逐步提升和产业的逐步形成，涉及2 亿—3 亿庞大的老人社会性问题，会得到越来越好的解决，我们的"和谐"社会风气因此而得到有力推动。

二、亲友之"和"

亲友，一指亲近亲友，包括兄弟、姐妹等亲友；二指亲近朋友，包括同事、同学等朋友。亲，亲和的言行，亲近的态度。做到这一点，"礼节礼貌"仅仅能调节表面，治本则主要靠建立"和"的思想观念。就像咬着筷子练出来"露出八颗牙"的微笑一样，没有发自内心的真情，微笑也最多是"皮笑肉不笑"，装出来的"真情"不感人。

纵观社会上无论与亲友还是朋友的很多矛盾，都是因为缺乏忍字，人与人之间不能包容导致的。我在《制约个人发展系列瓶颈问题》中提到关于包容心的问题，主要特征是：

首先，斤斤计较型，这类人寸功不让，点亏不吃，多干一下也嫌多，少拿一分也不行。这类人凡事皆讲求"AA制"，对于你的我的分得很清楚，岗位职责外的工作一律不做，自己做的尤其是多做的事情一定要"署名"，与人共同努力做成的事情功劳主要归自己，别人帮助自己做成的事情却只字不提他人。绝对的AA制使人与人的界限划得太清晰，自己既不愿去真正帮助别人，久而久之别人也不愿意帮助他。太斤斤计较不利于组织成员的合作共事，也不利于为自己建立一个良好的发展基础。

另一方面，嫉贤妒能型，这类人不能包容性发展。只希望自己比别人强，自己一人独大，不愿承认别人比自己强，更不愿让别人超过自己。对于自己带领的新人也是保留式指导，不会给对方超越自己的可能性，若出现某方面能力比自己强的人便心生嫉妒，想方设法排挤对方。殊不知山外有山，更何况行行出状元，自己不可能永远在哪方面都比别人强，况且个人在组织里发展，组织要靠多种、大量人才寻求发展，总要有比自己强的人出现，到时候既容不下别人，也不向别人多学习，忙于排挤他人自己也不能再求上进，最终还是浪费了自己。

包容心不够，关系变复杂，朋友变敌人，有利因素变成不利因素，是制约个人发展的一大瓶颈。亲友之"和"，要切记规避这个问题。

三、敬长之"和"

敬长，即尊敬所有长辈、老师及比自己年长和资历长的长辈、前辈。儒家文化对"论资排辈"十分讲究，日常生活中要向长辈请安、敬烟、让座、让路，座次上也十分讲究，不能乱了礼法。现代社会虽然剔除了很多封建社会的纲常礼制，但是"尊老爱幼""尊师重道"始终是我们民族和社会要求的文明，孟子曰："亲亲，仁也；敬长，义也。"敬重长辈是一个人不可违背的伦理道德，是一个人品行素养的标志。

另一方面，敬长也同时体现一种学习性，既然是长辈、前辈，无论是不是我们的老师，他们走过的路、经过的事、具有的认识和感悟，都是我们应该了解和学习的，有时候"听君一席话，胜读十年书"，长辈的一句话，可能使我们减少很多弯路，避免很多失误。所以，学会敬重他们，与他们和谐相处就是在使自己成长。

四、育幼之"和"

"幼吾幼以及人之幼"也是我们的优良传统。因此，我所提的育幼，不仅指对自己孩子的培养，也指对所有晚辈、学生的教导。"少年智则国智，少年富则国富，少年强则国强，少年独立则国独立，少年自由则国自由，少年进步则国进步，少年胜于欧洲，则国胜于欧洲，少年雄于地球，则国雄于地球。"梁启超的《少年中国说》对人才培养寄予厚望，这也是国家、组织、家庭，以及千千万万父母的厚望，每个人发挥一点力量，对教育"献出一点爱"，对身边的每一个孩子和晚辈，多讲一些正确的价值观，多帮助孩子树立一些积极的品格，多引导一些正能量的言行，那么这个世界将是多么和谐美好的世界，我们的民族又会是多么地富有成长。

孝、亲、敬、育，是我在以"和"处事方面，提炼出的"四字箴言"，涉及了每一个人身边的每一类人群，按照这个去做，个人修身的"和谐生态"不难建立，大家因此会受益良多。

第十八章 "和"为修身之法

"和"为修身之法，即修身是达"和"的过程，每个人要将"和"作为修身不变的法则，坚持以"和"为修身的原则。

经笔者研究发现，人人都想"和"，但难以"和"，原因在哪里？在于不知道怎么修！虽然古代文人、政治家提到了很多"修身"，三教也在提"修身"，但现代人如何结合社会发展特征和核心需求展开"修身"，还没有具体的方法论。

2015 年，笔者在《职业道德修养》一书中提出新"三纲五常"，即把"一切利于国家、一切利于组织、一切利于他人"作为道德的三个纲领，把"诚信、忠诚、服从、守规、担责"作为五个方面的道德规范要求，目的就是给社会人"修身"提供行动指南。一个人只要按照"道德三纲五常"修身和止于至善，那么就拥有了与国家、与组织、与他人的"和"。所以，它是以"和"修身的重要法则。

第一节 坚持"道德三纲"修身之法

一、以"道德三纲"修身

观念上树立"一切利于国家、一切利于组织、一切利于他人"的道德标准。

行为上符合"一切利于国家、一切利于组织、一切利于他人"的道德标准。

结果上确保"一切利于国家、一切利于组织、一切利于他人"的道德标准。

观念、行为、结果三位一体，指导一个人从价值观的高度展开修身！这是修身之"道"，"道生一，一生二，二生三，三生万物"，"道德三纲"是其他一切修身之"本"，让人具有站得高、望得远的格局和境界，克服个人利益得失和不良的沟通情绪，指导一个人处理好各种人际关系，把工作、学习、生活经营得更好。大善者要做到"三个不损害"，大德者要做到"三个有利于"。

正如修身与管理研究者李如所言：一个人可高可低，可大可小。如果没有价值观这个"道"，就永远没有人生理想的"珠穆朗玛屋脊"。"道德三纲"，给你一个不一样的未来！"三个一切有利于"就是一把打开"和谐幸福"之门的金钥匙。原来，"自我"把我们堵在门的这边，而"大我"却将我们引入一个"超能发挥"的世界！"小我"最终"无我"！"大我"才能"有我"！被更多需要，才能更大创造。有更多付出，才能修出更大"我"！

二、以"道德三纲"止于至善

观念上完善"一切利于国家、一切利于组织、一切利于他人"的道德标准。

行为上完善"一切利于国家、一切利于组织、一切利于他人"的道德标准。

结果上完善"一切利于国家、一切利于组织、一切利于他人"的道德标准。

没有观念上的止于至善，思想就有可能发生偏离；没有行为上的止于至善，行动就有可能发展缓慢；没有结果上的止于至善，浑浑噩噩，退步落后均不知觉，目标就有可能落空。止于至善需要一个持续的过程。

正如李咏梅所言：只有坚持理想，以"和"贯穿于行动，才能确保正确价值观塑造的"撸起袖子加油干"！检查、纠正、完善，是止于至善不可或缺的"三步"，规避"活思想"，坚定"大方向"，对好的方面坚持，对不好的方面修正，不以物喜，不以己悲，相信自己，完善自己。坚持"道德三纲"止于至善，你不放弃理想中的修身目标，就一定会展现出最好的发展状态。如此，和谐的社会生态任由你的优势发挥。

第二节　坚持"道德五常"修身之法

一、以"道德五常"修身

观念上树立"诚信、忠诚、服从、守规、担责"的道德标准。

行为上符合"诚信、忠诚、服从、守规、担责"的道德标准。

结果上确保"诚信、忠诚、服从、守规、担责"的道德标准。

　　诚信是忠诚的基础，忠诚是服从的前提，服从是守规的保证，守规是担责的条件，五者之间相互联系，相互作用，相互影响，特别在个人职场修身中十分重要！于大处，对国家做到"道德五常"；于小处，对组织和他人做到"道德五常"，好领导，好干部，好员工，皆出于此。"道德五常"修不好，往往导致人"不和"，制约个人在职场中的生存和发展。因此，人人都必须引起高度重视。

二、以"道德五常"止于至善

　　观念上完善"诚信、忠诚、服从、守规、担责"的道德标准。

　　行为上完善"诚信、忠诚、服从、守规、担责"的道德标准。

　　结果上完善"诚信、忠诚、服从、守规、担责"的道德标准。

　　以"和"修身，无论何时，都不会达到完美；止于至善，从不会停下脚步。今日，无论你是谁，并不重要！重要的是，明日，你希望自己能够成为谁！每一个人的脚下，都有一寸相同的土地；每一个人的头顶，都有一片相同的天空；每一个人的眼前，却是不一样的风景！因为，每一个人，对于诚信、忠诚、服从、守规、担责的"道德五常"体现出内心不同的感悟及言行不同的反映。就是因为一天又一天细节上小小的不同，最终决定了能不能拥有和谐、美满的人生！

参考文献

习近平:《习近平谈治国理政》，外文出版社 2014 年版

人民日报海外版学习小组:《学习关键词》，人民出版社 2016 年版

吕思勉:《中国通史》，上海人民出版社 2015 年版

李朋:《中华上下五千年》，天津古籍出版社 2015 年版

中国社会科学院世界经济与政治研究所:《总体国家安全观干部读本》，人民出版社 2016 年版

寇北辰:《职业道德修养》，经济管理出版社 2015 年版

寇北辰:《五行管理学》，天津教育出版社 2009 年版

王宁:《中国文化概论》，湖南师范大学出版社 2000 年版

何小莲:《宗教与文化》，同济大学出版社 2002 年版

王惠岩、周光辉:《政治学概论》，高等教育出版社 2011 年版

阿尔蒙德等:《比较政治学》，曹沛霖等译，上海译文出版社 1989 年版

寇北辰:《亲密家庭》，经济管理出版社 2013 年版

寇北辰:《职场胜术》，经济管理出版社 2013 年版

寇北辰:《能动力》，经济管理出版社 2013 年版

郭慧民:《国际公共关系教程》，复旦大学出版社 1996 年版

后　记

　　文化对人类发展进步的推动作用是巨大的。中国传统文化之厚重举世瞩目。对传统文化的继承与创新，是我几十年来坚持不懈和乐此不疲的事情。在贯彻落实习近平总书记"将中国传统文化作为国家战略支撑点"和"'一带一路'文化先行"理念的康庄大道上，如何满足人类社会普遍需求和正能量的聚合，成为我对"和"文化研究的出发点。

　　世界、国家、组织、家庭和个人，五个层次存在着克生关系，而并非一一孤立，"和"与"不和"都会相互转化为有利或不利因素。个人"不和"就会影响到组织和国家，正如各国元首"不和"直接影响国家，乃至影响世界。因此，我们看待世界和平与发展问题，不仅要看国与国之间的关系，更要学会从"五个层次"的相互关系和影响展开分析，借此顺势而为，获得生存与发展的力量。

　　"和"平天下，以增强人类和谐共生理念、推动天下太平、合作共赢为良好愿望。通过对"和"文化的研究、应用和推广，呼吁世界各国认清时代趋势，汇入世界和平与发展主流，减少人类因战争带来的生命财产损失。以此维护国际市场新秩序，促进经济全球化，实现"一带一路"世界发展大格局，从而造福人类社会。

　　本书几易其稿，完成之时已经距启动书稿之日渐去七个月了。半年多来，我每天几乎有 18 个小时以上的思考和工作，体重下降了 20 多斤，在 3780 多个小时里，我没有一刻不是处于极其兴奋和幸福快乐的状态，中国"和"文化深深震撼着我！我衷心期待"五大领域之和"的研究成果能够造福人类。

在本书撰写过程中，我的两位学生全程参与并开展了积极而富有成效的工作。一位是管理学家、全国职业道德公益巡讲首席讲师、中国百强讲师、五行修身与管理研究者李如，一位是管理实战专家、五行和与止于至善研究者李咏梅，在此对她们连续数月通宵达旦、废寝忘食的研究精神和辛勤工作表示赞赏和感谢！

还要感谢学生五行文化研究者王晓庆，学生五行经济研究者任绪翠，国家发展改革委"财经界"专家学术委员会委员、北京大学政府管理研究中心赵学伟教授，甘肃省张掖市文广局姜明桂副局长，白俄罗斯共和国文化联盟中国首席代表刘瀚凯先生，重庆市委党校研究生寇晓南等同志提出的宝贵意见和相关帮助！

本书共由六篇组成，即和篇、世界篇、国家篇、组织篇、齐家篇、修身篇。除用五行哲学思维对"和"的两面性进行诠释外，同时提出了实现和平、和谐、和睦、和气的"五个不损害"和"五个有利于"。书中，也融入了我多年来对于传统文化运用于经济、管理和道德教育方面的部分研究成果，希望为各界人士展开对"和"文化在各领域的学习运用和研究，提供参考和帮助。

责任编辑：贺　畅
责任校对：吕　飞

图书在版编目（CIP）数据

和平天下 / 寇北辰著 . —北京：人民出版社，2017 . 8
ISBN 978 – 7 – 01 – 017954 – 4

Ⅰ . ①和⋯　　Ⅱ . ①寇⋯　　Ⅲ . ①中华文化
　Ⅳ . ① K203
中国版本图书馆 CIP 数据核字（2017）第 177114 号

和平天下

HEPING TIANXIA

寇北辰　著

人民出版社出版发行
（100706　北京市东城区隆福寺街 99 号）

涿州市星河印刷有限公司印刷　新华书店经销
2017 年 8 月第 1 版　2017 年 8 月北京第 1 次印刷
开本：710 毫米 × 1000 毫米 1/16　印张：15.5
字数：195 千字　彩插：1

ISBN 978 – 7 – 01 – 017954 – 4　定价：59.00 元

邮购地址 100706　北京市东城区隆福寺街 99 号
人民东方图书销售中心　电话（010）65250042　65289539